システム導入に失敗しない

プロマネの心・技・体

―持続可能な成長のための気づき―

［編著］広川敬祐　Keisuke Hirokawa
［著］浅山昇、相馬智之、平井均
宮地秀敏、森岡広道、横沼秀治　Noboru Asayama, Tomoyuki Soma, Hitoshi Hirai, Hidetoshi Miyachi, Hiromichi Morioka, Shuji Yokonuma
［監修］酒森潔　産業技術大学院大学 教授　Kiyoshi Sakamori

Parade Books

はじめに

　風邪がなかなか治らないな……と咳き込む日が続いたことがありました。そのうち、ヒューヒューと喘鳴《ぜんめい》が聞こえるようになり、医者に診てもらう必要があると思いつつ、仕事も休めないので職場に近い医院をネットで探しました。

「咳喘息」「喘鳴」「○○区」のキーワードで検索すると、上位に呼吸器内科・アレルギー内科の医院が紹介され、**症状や院長の経歴、診断の特徴などが詳しく説明してある良さそうな医院**なので行ってみると、びっくりしたことがありました。

　受付で「初診は予約制ですか？」と聞くと、申し訳なさそうに「そうなんです。でも予約は○○日まで一杯で……」と1カ月先の日にちを伝えられました。5年前に開設した医院で、ちょっときれいな町医者の予約が1カ月もとれないなんて、まるで大学病院かと思ったほどの衝撃でした。これほどまでの人気は、口コミもあるでしょうが、**ホームページの宣伝効果**が多大にあったはずだと確信しています。

　インターネットによるマーケティングは日増しに重要になってきています。したがって、どんな会社でも「ホームページを充実させよう！」との意識があります。ところが、トップマネジメントの方が、**ＩＴのことはよくわからないから……、コストは可能な限り安く済むよう……**、と思われていることがあります。

もし、営業上の重要な顧客訪問であれば、社長自ら会いに行かれることでしょう。そして接待の機会があれば最大限にもてなすことでしょう。ＩＴの利活用が時代の必須事項となっているのに、**会社のトップが目を背ける、業者や担当部門に任せきりにする、投資をしない、ここに会社の成長を妨げる大きな要因**があるものです。

そういう会社のホームページは「そこそこ」のレベルでしかなく、そこから莫大な営業成果をもたらすことはありません。しかし、そのような会社に限って「ホームページでセミナー案内をしても申込者が少ない」、「製品紹介をしているのに問い合わせが来ない」という不満を持っています。そんな会社では、ホームページ制作の稟議書が回ってきた折に、トップの方は**「ボーっとハンコを付いているだけ」**に違いありません。すると、**ＩＴ施策が負のスパイラル**に陥り、ＲＰＡやブロックチェーン、ＩｏＴなどの技術を享受できず、**業績が向上しないばかりか、社員のやる気**も下がります。

話は変わりますが、本書を読んでいただきたい読者層の方々は、漫画の「あしたのジョー」をご存知であることと思います。その漫画では、主人公のジョーが非行を続ける少年で犯罪にも手を染め、警察に逮捕されて鑑別所へと送られます。そんなジョー宛てにボクシングの師匠である丹下段平が書いた「あしたのために」との書き出しで始まるはがきが届けられるシーンがあります。

その内容の一つに、左ジャブの打ち方から始まるボクシング技術の講義で**「ひじを左わき下からはなさない心がまえで、やや内角をねらいえぐりこむようにして打つべし。」**と書かれて、ジョーの**「打つべし！　打つべし！　打つべし！」**とのシーンを覚えていらっしゃることと思います。

本書では、そのような言葉を『寸鉄』（短くて人の心に食い入る言葉。警句）という形でたくさん書き下していきたいと思います。そして、本書を通して、会社が発展し、社員の皆さんが成長していかれることを切に祈っています。

著者を代表して　広川敬祐

寸鉄

ITのことはわからない、○○に任せてある、と他人任せにせず経営の一大事として、自らが主体的に取り組むべし！

CONTENTS ―― 目次

第2章 「IT活用の金持ちA様」と「IT軽視の貧乏B様」

第3章 とにもかくにもプロジェクトを立ち上げよう

第4章 人手不足は「良い業者」を選んで乗り越えよう

第7章 システム導入を成功させる心・技・体
――その③ 心（ヒューマンスキル）

第8章 知っておきたいトレンド

システム導入に失敗しない

プロマネの心・技・体

—持続可能な成長のための気づき—

第1章

システム導入の失敗例とその対策

システム導入の失敗例といえば、何を思い浮かべますか?

銀行のシステム障害で取引ができなくなることや、情報漏洩が起こること、さらには、システム開発を依頼した会社と裁判紛争を起こしてしまう、ということがありますし、専門誌の**「動かないコンピュータ」**の類の記事として取り上げられてしまっても失敗と言えるでしょう。

しかし、もっと恐れないといけない失敗例があります。それは**「新システム導入をしない」「古いシステムを刷新しない」という無策**によって、システムの良し悪しによって、競合会社に負けてしまい、業績が悪くなってしまうことです。

ホテルや飛行機の予約やピザを注文しようとするような際、サービスの内容ではなく、システムの使い勝手で決めてしまうこともあるものです。

システム導入での失敗例にはどのようなものがあるか、そうならないために、どのような対策を施せばよいのかをご紹介します。

マスコミに騒がれてしまった失敗

2002年4月1日、3つの銀行が再編して誕生したみずほ銀行の営業初日に**現金自動預入払出機（ATM）の障害**が発生しました。さらには、**公共料金の自動引き落としなどの口座振替にも遅延**が生じるトラブルが起き、このことはシステム開発の失敗例として語り継がれています。

他にシステム開発の失敗例といえば、2012年の特許庁での**「出願情報などを一元管理するシステム開発」を中断**したとの発表を思い返します。それまで**5年間55億円もの費用を投じた開発**を、このまま続けても本稼働が見込めないと時の経済産業大臣が国民にお詫びをした事例です。

この事例を聞いた時、そこに**大きな英断**があったことと思いました。それは、みずほ銀行のようにトラブルが発覚したのでなく、**そのまま続けても良い成果が得られないとの見込みに対して中断を決意**されたことです。特許庁は官僚の組織ですから、大臣が記者会見でお詫びをするに至るまで、大変な議論があったことと推察します。その議論とは、失敗は表面化（5年55億円の支出が既に失敗といえるかもしれませんし、会計検査院からの指摘があったのかもしれませんが……）していないのに、**あえて国民の前にお詫びをした、ということに多くのプロセスがあったことと思います。**

実際の検討状況は知る由もなく、特許庁の判断を擁護するわけではありませんが、このまま進めるとさらに悪くなってしまう、との判断により大臣にお詫びを言わせしめたことには驚きを禁じ得ませんでした。

さらには、その翌年、**ドブに捨ててしまったと思われた開発費用を、業者が利子つきで全額返納**したというニュースがありました。それを聞いた時、特許庁は抜け目がないと感心してしまいました。

コンピュータ系の専門誌で**「動かないコンピュータ」（日経ＢＰ社　２００２年）**とのタイトルで記事が連載され、のちに書籍を出版されることになったものがあります。そこでは、ネット取引が停止してしまった例、病院の電子カルテシステムでのトラブル例などが掲載されています。

しかしながら、システム開発の失敗例が事件として報道されることは多くはありませんし、実際のところ、皆さまの会社で起こり得るシステム開発の失敗がマスコミに報道されることは想定されないと思います（テレビでＣＭを出すような大きな会社や、億円単位の損害にでもならないと事件として取り上げられない）。

マスコミで報道されなくても、大なり小なり、システム導入の失敗例が皆さんの会社にありませんか？　そのようなことが起こった際、**サラリーマン根性を丸出しに、誰かが何とかするだろう、何か言ったところで私が責任をとるだけで何の得もしない、**ということはありませんか？

特許庁の例では、なぜ**5年もの期間と巨額な支出**を費やしてしまったのでしょうか。2年目、3年目に何か手を打つことができなかったのでしょうか。タラレバは禁句とも言われますが、**その時に何かしておけば**大きな事件にはならなかったのだと思うのですが……。

寸鉄

失敗の兆候が起こった際、そのうち何とかなるさ……は何ともならない

何かが起こりそうな時、早め早めのトップの英断が必要である！

言った／言わないで揉め、誰の責任？ と咎め、そして裁判に

マスコミで報道されるような失敗例もさることながら、最近は、システム紛争の裁判が増えてきています。裁判にまで発展するような場合、**「業者が悪い」か「企業が悪い」**のどちらなのかといえば、**大抵は両方悪い**と言っていいと思っています。

紛争が裁判にまで発展する場合の**ほとんどは自分の方が正しいと思っています。**自分に負い目がある、負ける見込みである、というような場合は裁判を起こそうとは思わないものです。しかし、**自分が正しいと思っていても、客観的に見れば思い込みのようなことも多い**です。皆さんの周りに裁判の原告と被告の両方を知っているような場合（離婚裁判を起こすような夫婦の双方を知っているようなケース）があれば、双方の言い分を検討してみて下さい。「まぁまぁ、お互いに非を認めて話し合えば……」と思ってしまいがちで、まぁ仕方ないな、となだめるぐらいでしょう。

ムカつけばムカつくほど、自分を見失ってしまいます。そのような場合は、なるべく**早い時期に第三者の専門家に相談**し、客観的にみつめることが望まれます。

システムに関わる紛争例をご覧下さい。

紛争例のほとんどは契約が曖昧だと言われます。その曖昧さを防ぐために契約内容を文書で取り交わします。そうして「**言った／言わない**」の誤解をなくします。

次のようなことが**曖昧な場合には紛争にまで発展していく**可能性があります。

● システム化の対象範囲の思いが異なっていた
● 成果物の内容が異なっていた
● 発注者と受注者の作業上の役割が異なっていた、果たせなかった
● システム化要件が発注時と作業時に異なっていた

要するに、契約を交わす際には、このようなことを**文書で明文化し、問題となった際の認識違いを防止すること**が大事です。これらを明示せず、契約書ができればいいと、**「〇〇システム一式」という曖昧な記述だけでシステム化対象範囲が明確でない場合**に、紛争となってしまう可能性があります。

2017年8月、**発注者側にとって驚くような裁判の判決**が札幌高等裁判所でありました。それは、旭川医科大学とNTT東日本との紛争事例です。

2008年に、旭川医科大学は、電子カルテを中核とする病院情報管理システムの刷新をNTT東日本に開発を依頼しました。その後、現場からの追加要件が相次いで

システム紛争の事例

- ☑ 個人情報漏洩の損害賠償請求
- ☑ ERPパッケージ導入失敗の原因と責任
- ☑ 写真素材のイラスト化
- ☑ データベースの著作権
- ☑ 利用企業の協力義務違反
- ☑ キーワード連動型広告と商標権
- ☑ データ移行の責任
- ☑ 請負契約・準委任契約の区別と追加報酬請求
- ☑ システムの不具合と売主の責任
- ☑ ウェブサイトへの写真掲載行為と著作権侵害
- ☑ 開発途中で退職した開発者の責任
- ☑ 違法ソフトウェア販売による損害額
- ☑ システムの完成と追加報酬の可否
- ☑ 瑕疵担保責任に基づく解除とユーザの過失割合

ほか多数

混乱し、プロジェクトが遅延しました。そして、旭川医科大学は期日通りにシステムを納品しなかったことを理由に、契約解除を通告しました。それに対してNTT東日本は、**「プロジェクトの失敗は旭川医大が要件の追加・変更を繰り返したことが原因だ」と損害賠償を求めて両者の争いは裁判となり、札幌高等裁判所は、「旭川医科大学に100%の責任がある」**として約14億1500万円の支払いを命じる判決を出し、その後、最高裁に上告されています。

この事案で肝に銘じておきたいことは、**発注側がシステムの要件の追加や変更をすることによってシステムが期日通りに完成しない、**ということは少なくなく、裁判で**「発注者側の義務」**について言及されていることです。

システム導入の失敗の原因は、業者側にだけではなく、発注者側にもあるのです。

寸鉄

紛争にまで発展する場合は自分が正しいと思いこむもの冷静になって、早い時期に第三者の意見を求めよう!

本稼働直後に出荷ができないトラブル発生！　面目丸つぶれ

みずほ銀行だけでなく、きらぼし銀行（東京都民銀行、八千代銀行、新銀行東京の経営統合）でも2018年5月の**合併初日にシステム障害**が発生しました。また、みずほ証券では、2018年6月に2日間にわたってネット取引ができないシステム障害が発生しました。

金融機関だけでなく、製造業でも販売管理システムを刷新した本稼働直後、出荷ができないトラブルがありました。出荷ができないといっても、製品をトラックに乗せれば出荷はできるのですが、**「出荷予定のリストを出力できない」「出荷時に同封する納品書を出力できない」**というようなシステム障害が発生し、顧客に迷惑をかけるという事態が起こりました。

その製造業では、**本稼働まで十分なテストを行わず、ユーザーの習熟度も足りない状況であった**にも関わらず、当初のシステム稼働予定日を守ろうと、開発業者に大丈夫かと尋ねてはみたものの、**業者の「大丈夫です」との言葉を鵜呑み**にしてしまったのです。

業者の「大丈夫です」を当てにしても失敗してしまうことの例として、受験勉強と塾の関係を思い起こします。塾は生徒を集めようと**「絶対に合格させます！」というような宣伝文句**で生徒を集めます。ところが、生徒が**受験に失敗すると、勉強が足りなかったね、もう一息だったね、と生徒の責任**にされかねません。

結局のところ、**自分を当てにする**しかないのです。システムに限らず、**他人を当てにして失敗してしまうこと**は山ほどあるものです。とはいっても、社内に人がいない、技術力がないと、業者の力を頼りにせざるを得ない状況も理解できます。それでも主体性を出さなければならない領域が3つあります。

その**3つとは、移行（データの引越し）、テスト、教育**です。移行に関しては、特に旧システムの状況は、利用企業側にしかわからないことがあります。また、テストを業者に任せると都合の悪いことは隠されてしまいます。そして、教育については論じる必要はありません。利用者の習熟度を高めることは利用者が理解を進める以外に方法はないはずです。

本番稼働直後のシステム障害を防ぐにはどうすればよいでしょうか。絶対ということは言い切れませんが、可能な限り本番と同じ環境で、**大丈夫との心証を得るまで利**

本番稼働判定チェックリスト（ほんの一例です）

システムの完成度

- ☑ システム化要件は満たされているか
- ☑ テストは十分に実施されたか
- ☑ 解決されていない課題はないか

……….

データ移行

- ☑ 旧システムのマスタの移行は終了しているか
- ☑ 旧システムの残高や明細の移行は終了しているか
- ☑ 本番切り替えのリハーサルは十分に行われたか

……….

ユーザーの習熟度

- ☑ マニュアルや動画は整備されているか
- ☑ 主要なユーザーは自力で操作することができるか

……….

ヘルプデスク体制

- ☑ トラブル発生時の連絡先は知っているか
- ☑ FAQ（よくある質問）は整備されているか

……….

用者自身がテストを行うことです。そして、テストだけでなく、本番稼働判定チェックリストのようなものを予め作っておき、そのチェック項目をクリアした場合にのみ本番稼働を迎えるのです。

その本番稼働判定チェックリストの項目がシビアであるほど、本稼働後のトラブルを予防することができるはずです。

そのようなチェックをしないで、業者の言葉を鵜呑みにするとき、皆さまの会社でもシステム障害が発生する可能性があります。それは断固として防ぎたいものです。

寸鉄

本番稼働後のトラブルは、本番稼働判定要件を満たすことで防止できる
何よりも利用者の主体性によることが大前提！

システムが塩漬けになり、新機能の拡張ができない

パソコンを利用していると、時折、アプリのサポート切れのニュースを耳にします。たとえば、ＯＳ（基本ソフト）のＷｉｎｄｏｗｓ７のサポートを終了します、とか、ワードやエクセルのビジネス用アプリのＯｆｆｉｃｅのサポートを終了します、というものです。

そのようなアナウンスがあれば素直に従えば……と言いたいのですが、そのためにコストがかかったり、それによって**既存のデータが壊れてしまう恐れがあったり、今まで出来たことができなくなってしまう恐れ**があるので、すぐには新システムに移行できない事情があるものです。

そのようになってしまうと、新しい技術が登場してもそれに乗り換えることができなくなってしまいます。そうした事情を**「塩漬けシステム」**と称します。元来の塩漬けの意味は、食べ物を長期保存するためや、味をつけるために食塩に漬けておく、という古くからある方法ですが、「システム」という接尾語がついた瞬間、変化することのできない厄介者へと変身してしまうのです。

では、どのような事情で「塩漬けシステム」が発生するのかと言えば、まず第一に**「属人化」**が挙げられます。「△△システムについては○○さんしかわかりません」という状況です。仕様書やマニュアルもなく、担当者を複数配置するといった措置をとってスキルの共有をしてこなかったツケが回ってきたものです。そうした場合は、その技術者が退職してしまえば大変なことになってしまいます。

次の原因として、**技術仕様の依存性**を挙げます。それはシステムを開発する際、その時に使用している特定の技術仕様にしか対応できないような場合です。その特定の技術仕様には、パソコンの基本ソフトのバージョンや、インターネットを利用するブラウザ（ＩＥ：インターネットエクスプローラーなど）のバージョンがありますが、これらは、利用者側の端末環境なので影響はさほど大きくありません。**影響が大きいのはシステムの開発環境がハードウェアやデータベースに依存**している場合にあります。

そうしたシステムになってしまう原因のほとんどは、**開発を付け焼刃的に行うこと**にあります。その時の要件だけ実現できれば良いという開発思想の場合、**数年後には塩漬けシステム**になってしまう可能性があります。

いったん塩漬けシステムになってしまえば、応急処置をしたところで、すぐに同じような問題が発生します。解決策といえば、**塩漬けシステムの刷新**しかありません。

戦後、日本にコンピュータ技術が到来してきた際、当時の通産省（現：経産省）は、日本の国内メーカーを擁護しようと、**国内メーカーの提供する機器に依存するシステム開発**を多く依頼してきました。その名残りがあってか、日本のシステム開発は何らかの独自技術に依存することが多いのです。

独自技術に依存せず、どこでも使える汎用的な技術を多く受け入れていくことが望まれます。

寸鉄

塩漬けシステムになるのは、何らかの独自技術に依存することが原因
独自性を排し、汎用的な技術を採り入れることの検討を！

失敗とは何？　失敗に気づいてないことが最大の失敗

マスコミで騒がれることがあったり裁判にでもなれば、そのシステム導入は失敗であったと言い切れることと思います。しかし、現実の皆さまの会社でそのようなことにまでなることは稀であると思います。それでは、皆さまの会社には失敗はないのでしょうか。実は**失敗しているのに失敗と気づかない、成功なのか失敗なのかがわからないこと**が多いのではないでしょうか。

システム導入は、何をもって成功（失敗）と言えるのでしょうか。それは、ひとえに**システム導入の目的が達せられたか否か**にあるといえます。その意味で、**システム導入の目的を掲げているか**が重要になります。しかし、この目的がはっきりせず、曖昧なケースが多いのが実態です。

システム導入は、プロジェクトによってその作業を行うのが一般的ですが、その**プロジェクトの目的が曖昧であればプロジェクトが成功する訳がありません。**

プロジェクトとは、日常業務とは異なり**「目的を期限内に達成する活動」**と定義することができますが、そもそも、目的がなければプロジェクト自体が成り立ちません。

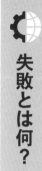

システム導入の目的を決めるのに必要なこと

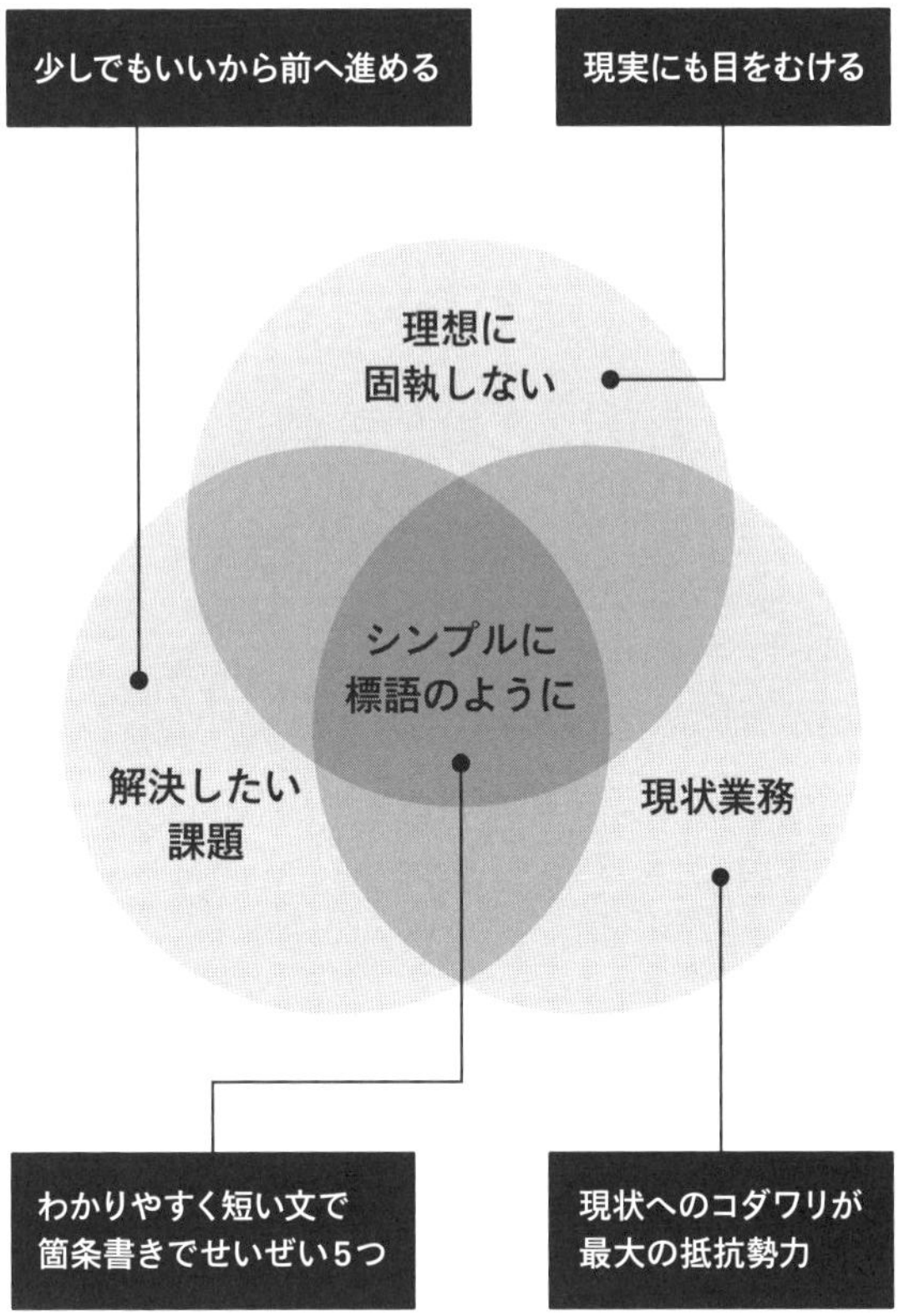

プロジェクトを成功させるために、『PMBOK®ガイド』(Project Management Body of Knowledge：プロジェクトマネジメントの知識体系と訳します。このあとはPMBOKと呼びます）というプロジェクトを成功に導く為のコツやノウハウを集めたものがあり、そのPMBOKで最重要文書とされているものに、**プロジェクト憲章（英語ではProject Charter）**というのがあります。これは、プロジェクトの存在を正式に認可し、プロジェクトの目的、背景、成功基準、体制と責任者、予算などを明文化して、関係者と共有するためのものです。

ここに記載してある「企業や組織内でプロジェクトを公式・正式に承認する」ことができていないケースが多いです。企業の課題自体は認識されていて、それを解決するために、日常業務の延長として**何となく人が集められます。この何となく集まった人達がそれなりの解決策を模索**します。

この**「何となく」**や**「それなりの」**がくせものです。このような状態なので、目的も曖昧になるのです。

企業内でプロジェクトを正式に承認しようとする際、自然と「目的は何だ？」となってくるものです。つまり、**目的を定めることとプロジェクトを正式に承認するこ**

とは表裏一体のものなのです。

プロジェクト憲章を定めようとすると、まず最初に目的を考え始めます。システム導入の目的はどのようなものが良いのかを図にまとめてみました。

目的は、次の要件を満たし、**標語のような短い文で、箇条書きにして、最大5つ程度のものにする**のが理想です。

- 現状にこだわらないこと
- 理想を探求しすぎないこと
- 利用しようとするＩＴサービス（クラウドなど）にこだわらないこと

この**システム導入の目的が、プロジェクト憲章の根幹**であり、原点です。プロジェクトの部屋がある場合には、大書きにして貼り出しておくことが望まれます。

寸鉄

システム導入を始める際には、まず「目的」を定める
その目的が曖昧であったり、目的が明文化されないのは、すでに大失敗！

「失敗しないこと」と「成功させること」は同じですか？

哲学的になりますが、「失敗しないこと」と「成功させること」は同じことでしょうか、それとも違うことでしょうか。

こういうことを聞くと**「何もしなければ失敗しませんが、何もしないと成功はしません。」**という方がいました。失敗を恐れて何もしないというのは、勇気がないと感じてしまいました。その方は不作為（あえて積極的な行動をしない）という言葉を知らないのだと思います。路上に病人が倒れていたら……、何もしなくても罪に問われることはありませんが、人間としてその人の手助けはしたいものです。

そんな難しく考えず**「成功は喜び」「失敗しないことは安心」**という方や**「成功は攻めた結果の達成」「失敗しないのは守り切った達成」**という方もいました。

いきなり、哲学的なことを書いてしまい、失礼しました（苦笑）。先に、**成功（失敗）の基準として目的を達成できたか否か、**ということを述べましたが、システム導入の本稼働を期限通りに迎えるため、**予算外の支出を投じて、やっとの思いで本番稼働を迎えることができた**という場合は成功したと言えるでしょうか。

プロジェクトの成功基準

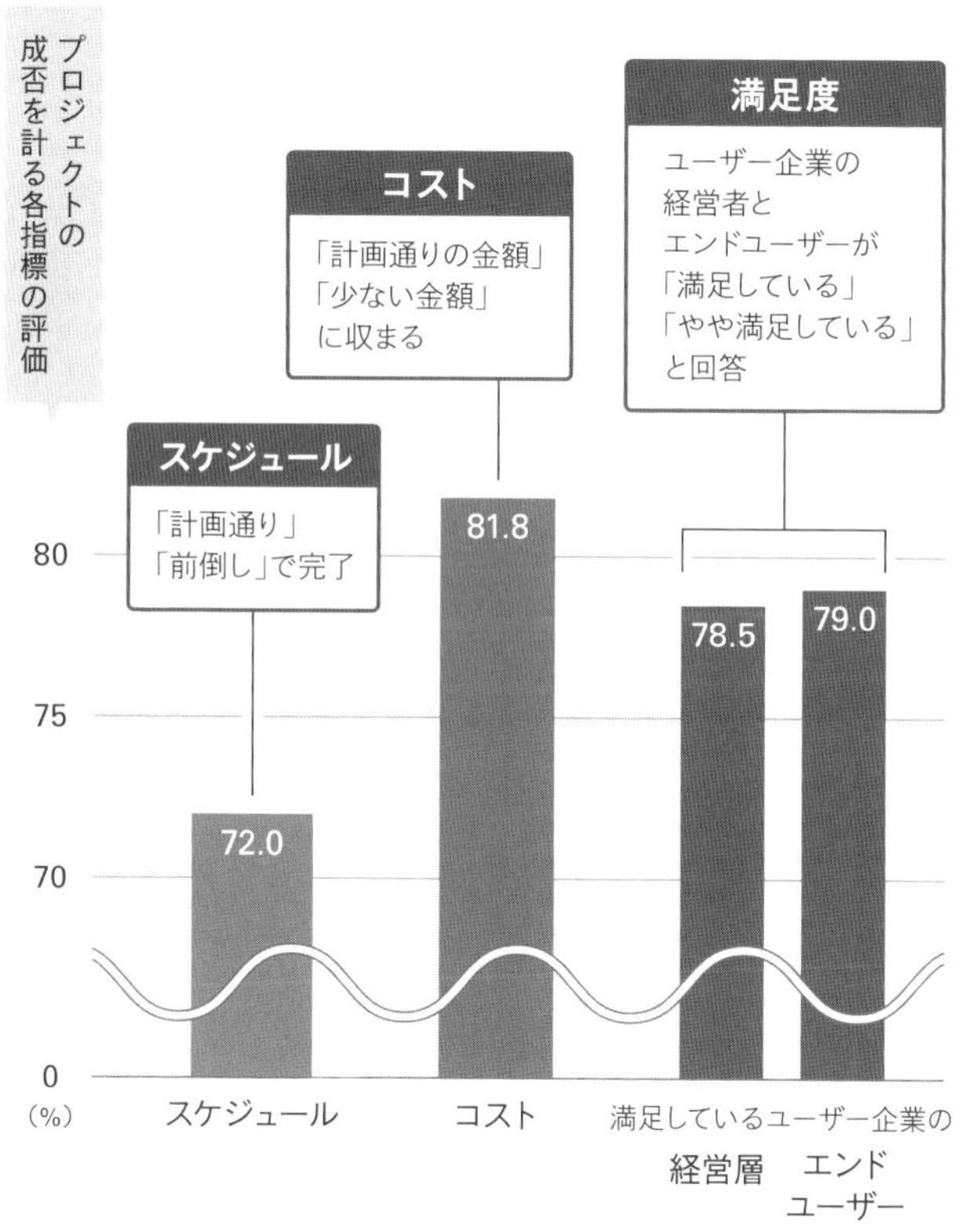

出典：日経コンピュータ（2018年3月1日号）

このようなことが、**失敗はしていないが、成功したとも言えない**、ということかと思います。プロジェクトの成功基準として目的を達していることは絶対要件ですが、一般的には**Q（品質）C（コスト）D（納期）**を達成できたのかが問われます。つまり、要件通りのシステムが出来上がり（Q）、予算以内で（C）、期限通り（D）、とこれらの3つの基準を全てクリアしたことを成功と言いたいのです。

そして、最近ではこの**Qのことが「満足度」**と言われ始めています。本稼働したシステムの数年後、「計画通りにQCDは守れたけど、結局使われないシステムだったね」となれば成功したと言えないし、使われないシステムというのは満足度が低い表れです。誰のためのシステムか？　と探求すると、利用者のためのシステムです。利用者が満足しないものは成功したとは言えません。

日経コンピュータは、その調査によりプロジェクトの成功率を公表しており、2003年は26・7％、2008年は31・1％、2018年は52・8％としています。この調査によると、**半数は成功していますが、半数は失敗しているとも言えます**。そして、2008年と2018年ではQ（品質）をS（満足度）へと変えています。システムに関わる品質というと、信頼性、セキュリティ、完全性、一貫性、という用語が並び、バグ（不具合）の発生状況やレスポンス（応答時間）など、専門家に頼まないとわからない内容が多くあります。

こういう基準を否定するものではありませんが、**もっとシンプルに、満足しているのか、良かったと思えるのか**、このことを問うて欲しいと思います。

そして、満足度は価値が向上していくことによって、より高まっていきます。**「価値」とは、キャッシュをどれほど生み出す**のか、です。システムを導入してキャッシュ、すなわちお金が増えていくなら、そんな喜ばしいことはありません。または、お金を使わなくなるということも価値向上と言えるでしょう。

ＩＴというと難しいものととらえがちですが、**ＩＴを活用すると儲かるんだ、楽になるんだ、できないことができるようになった、この喜びがあること**が成功と言えるのです。

寸鉄

成功したのか失敗したのか、小難しい基準を並べて評価するよりも良かったと喜んでいるのか、利用者の本音を確かめよう

システム導入に失敗しない
プロマネの心・技・体
—持続可能な成長のための気づき—

第2章

「IT活用の金持ちA様」と「IT軽視の貧乏B様」

システム導入の稟議が回ってくると、またこれだけ金がかかるのか、少しは安くならないものか、と、しぶしぶ承認をすることはありませんか?

このような場合は、ITを金食い虫(=コスト)ととらえていると思いますが、この人は「IT軽視の貧乏B様」です。

コストではなく、投資ととらえることをお薦めします。**コストと投資の違い**はどこにあるのでしょうか?

一般的に次のように**消費・浪費・投資の違い**を定義します。

『消費』 = 「支払=効果(影響)」

『浪費』 = 「支払>効果(影響)」

『投資』 = 「支払<効果(影響)」

『コスト』は消費か浪費(交際費や広告宣伝費にみられます)と受け止められ、**『投資』**は、支払った金額以上に価値のある効果や影響が期待できるものととらえます。もし、価値が増えるのにためらうことがあるのなら損をすることになります。

ITにも同じようなことが言えます。システム導入を消費や浪費でなく、投資ととらえてみませんか。

地震が起こったら、まずは身の安全の確保。その後は？

地震は怖くて起こって欲しくないものですが、もし起こってしまったらその時どうされますか？　まずは**「机の下などに隠れて身の安全を確保する」**ことは揺るがないことですが、**外にいる場合は電柱やブロック塀からは離れる**、ことが必要ですし、**エレベータに乗っていればすぐに降りること**が大事かと思いますし、日頃の備えが必要なことは言うまでもありません。

そして、揺れがおさまるとニュースで地震の情報を確認されることと思います。**テレビが近くにあればNHKを見る**でしょうし、**ネットにつながっていれば、ヤフー（Yahoo!）のニュースを見る人が多い**のではないでしょうか。

地震の情報は気象庁のほか多くのメディアが提供しますし、警備会社などでも緊急地震速報をアプリで届けるサービスもあります。しかしながら、日本でのネットニュースは、断トツにヤフーの人気が高く、**ヤフーの月間PV（ページビュー）は150億を超える**との報道（2016年）もありました。公表されている日本の大手新聞の発行部数は、最大でも1000万部、月間換算にすると最大3億部となり、ヤフーと数十倍の差がある計算が成り立ちます。そうすると**「新聞の1面トップの見出し」**と**「ヤフーのトップニュース」**と、どちらの影響が大きいのか、と普段思わないことでも少し考えてみていただきたく思います。

ヤフージャパン社は、1996年に設立され、2018年3月期には連結売上高が8971億円となり、**連結従業員数が1万人を超える超大企業**になっています。ものづくり日本と言われますが、日本の製造業として創業20年でこれほどの成長を遂げる会社があるでしょうか。それほどITのもたらす価値が大きい証左と言えましょう。

米国のシリコンバレーでヤフーに遅れること数年、新たなインターネットの検索技術を考案して、スタンフォード大学の学生がグーグル（Google）社を設立しました（1998年）。それまでのインターネットの検索は、検索されたワード（言葉）が、webページに登場する数によって各ページをランク付けして表示順位を決めていたところ、グーグルは、ウェブサイト同士の関係を分析することで検索結果を決定する理論を提唱し、**PageRank（ページランク）**という機能を創りました。

グーグルは、独自の検索エンジン機能を作った当初、ヤフーに売り込みに行ったらしいです。その時はヤフーに却下されたものの、後にヤフーもグーグルの技術を採用しました。

グーグルは、その設立から数年後に**検索キーワードに応じた広告を表示して広告収入を得るというビジネスモデル**を考案し、以降、インターネット検索だけでなく、電子メール（Ｇｍａｉｌ）やＧｏｏｇｌｅマップ、モバイルＯＳのＡｎｄｒｏｉｄなど、多くの事業を展開していますし、動画投稿サイトのＹｏｕＴｕｂｅも買収しています（２００６年）。

グーグルは、インターネット検索だけの会社でなく、自動運転やＡＩなどの事業で世界のＩＴを凌駕する会社に発展し、**株式の時価総額は日本の国家予算に匹敵する１００兆円**に達しようとしています。時価総額といえば、２０１８年8月に**米アップル社の時価総額が会社として初めて１兆ドル（約１１０兆円）を突破した**とのニュースがありました。

世界の時価総額ランキングの上位はアメリカのＩＴ企業です。会社を評価する指標として、時価総額が全てではないと思いますが、**時価総額は「会社を買うと幾らになるか」**という指標ですので、目安になるかと思います。

21世紀初頭、時価総額ランキングに上位に来るのは、エクソンモービル、ウォル

世界時価総額ランキング

順位	会社名	国	時価総額（億ドル）
1	アップル	アメリカ	10,571
2	アマゾン・ドット・コム	アメリカ	8,199
3	マイクロソフト	アメリカ	7,814
4	アルファベット（グーグル）	アメリカ	7,536
5	バークシャー・ハサウェイ	アメリカ	5,064
6	フェイスブック	アメリカ	4,362
7	ジョンソン&ジョンソン	アメリカ	3,755
8	アリババ・グループ・ホールディング	中国	3,659
9	JPモルガン・チェース	アメリカ	3,625
10	エクソン・モービル	アメリカ	3,374

2018年10月時点

マート、GE、NTT、ATT、JPモルガン、コカ・コーラ、といった石油メジャー、流通大手、電気、通信、金融、食料、という第二次世界大戦後の世界経済を支えてきた会社でした。また、その頃は日本企業が世界時価総額ランキングに名を連ねていましたが、バブル崩壊以降、経済成長が進まないことやメガバンクなどの金融機関が軒並みランク外に追いやられている特徴がみられます。

その特徴の総括として、世界では革新的な企業が現れ、生活スタイルを変えるようなイノベーションが起きていますが、日本ではイノベーションが起きていないことが言えるのではないでしょうか。

1兆ドル、1兆円、どちらの通貨単位でも実感が沸かない金額（笑）ですが、宝くじ当たらないかなと夢を見るとか、競馬の万馬券当たったった、と喜ぶより、**ITを活用するイノベーションによってお金儲け**を考えていきませんか。

寸鉄

IT活用の価値は、とてつもない能力とスピードにあります
それによりハンパない利益の金額を短期間で稼ぐこともできるのです

PPAPでどれぐらい儲けたと思われますか？

とかくITに関する用語はカタカナや英語の略語が多いものです。英語でなく日本語で話してくれ、と思う時もありますが、全て日本語にすると、戦時中の野球での「ストライクを〝よし〟、ボールを〝だめ〟」のように違和感もあるので、元の言葉の意味を理解しておく方が良いと思うこともあります。

ここで突然ですが、**PPAPという略語**は何の意味かわかりますか？

PPAPは、P（パン）、PA（パシフィック）、そして、Pは何だろう……と思われたり、TPP（Trans-Pacific Partnership：環太平洋パートナーシップ）でもないし……、と考えられるかもしれません。難しく考える必要はなく、あのピコ太郎のPPAP（ペン・パイナップル・アップル・ペン）です。

PPAPは、どうして流行ったのでしょうか。そして、**どれぐらい儲けた**のでしょうか。千葉県出身のシンガーソングライターたるピコ太郎が、2016年8月に動画投稿サイト「YouTube」に発表した動画作品がPPAPです。それを、カナダのポップミュージシャンの**ジャスティン・ビーバーがツイッターで「お気に入り」と**

ツイートし、その後、ＢＢＳニュースやＣＮＮで取り上げられ、爆発的なヒットにな

りました。

ＰＰＡＰの動画再生回数は１億を超え、ＬＩＮＥスタンプ、カラオケの印税、テレ

ビ番組への出演などにより、最低、億は稼いだことと思います。動画再生回数が１億

を超えるのは凄いことだと思ってしまいますが、**ジャスティン・ビーバーや世界的な**

アーティストの動画再生回数は優に10億を超えます。動画再生の広告収入が１回０・

１円としても、これだけで億の収入になるというとんでもない世界です。

最近では、子供の将来の夢が**「ユーチューバー（動画再生によって得られる広告収**

入を主な収入源として生活する人物）になる」がランクインする時代になりました。

また、スーザン・ボイルというスコットランド出身の女性が、イギリスのオーディ

ション番組に出演して、ミュージカル〝レ・ミゼラブル〟の挿入歌「夢やぶれて（I Dreamed A Dream）」を歌った動画が、ＹｏｕＴｕｂｅなどの動画配信サイトに転

載され、あっという間に１億回を超える視聴回数になり、全世界から注目され、その

年にはＮＨＫの紅白歌合戦にも出演したことも思い返します（２００９年）。

こういう話を通じて、運による一攫千金を薦めているわけではありません。グーグ

ルもアップルもアマゾンも、たまたま運によって成功したのではなく、ガレージ（車庫）から起業し、多くの労苦の積み上げによって発展してきた歴史があります。日本ではガレージがある自宅は高級感があるので、こうしたサクセスストーリーは実感が沸きませんが、**ガレージの起業はお金がかからない、つまり、固定費がかからない**のです。その状況で、商品開発と顧客獲得のことに専念できる環境が出来上がります。ＩＴを活用して何かを始めようとする際、とにかく初期投資は安く済みます。パソコン一台で富を築ける可能性を秘めています。

なぜ、アマゾンはこれほどの成長を遂げられたのでしょうか。このことは世界中で論じられているとは思いますが、筆者なりに考察してみたいと思います。

アマゾンは、１９９４年に書籍のＥコマース（ネット通販）事業を立ち上げました。その特徴は、インターネットを用いて販売機会の少ない商品でもアイテム数を幅広く取り揃え、または対象となる顧客の総数を増やし、総体としての売上げを大きくするという物品販売の手法として着目されました。これは、**20と80のパレートの法則（売れ筋上位20種の売上が全体の8割を占める）の逆**を言うもので、無店舗によるコストの削減に努め、従来型の小売店の制約に縛られず、**年に1個またはそれ以下しか売れ**

ないような商品を顧客に提供することで、店舗を構えていたのでは実現不可能な大きな販売機会の取り込みを可能にしました。（このビジネスモデルはロングテール『恐竜のしっぽ』と称されています。）

他にもアマゾンが成長してきた理由があり、その1つにイノベーションがあります。**イノベーションとは、物事の「新結合」「新機軸」「新しい切り口」「新しい捉え方」「新しい活用法」（を創造する行為）のこと**で、それまでのモノ・仕組みなどに対して全く新しい技術や考え方を取り入れて新たな価値を生み出して社会的に大きな変化を起こすものです。アマゾンは創業以来、利益度外視ですさまじい研究開発の投資をし続け、様々なイノベーションを提供し続けています。**「24時間365日店を開ける」「お店と地理的に離れていてもよい」「店舗に物理的な制約がなく無限の品揃えが広がる」**というインターネットサイトの特徴だけでなく、**アマゾンは物流に強み**を持っているのです。

アマゾンは、**フルフィルメントセンターと呼ばれる独自の最先端のシステムと設備で自動ライン化された物流拠点**を保有しています。そこは単に在庫が積まれている倉庫でなく、入荷から出荷までの各工程で独自の技術による効率的かつ的確な管理と

ロングテール

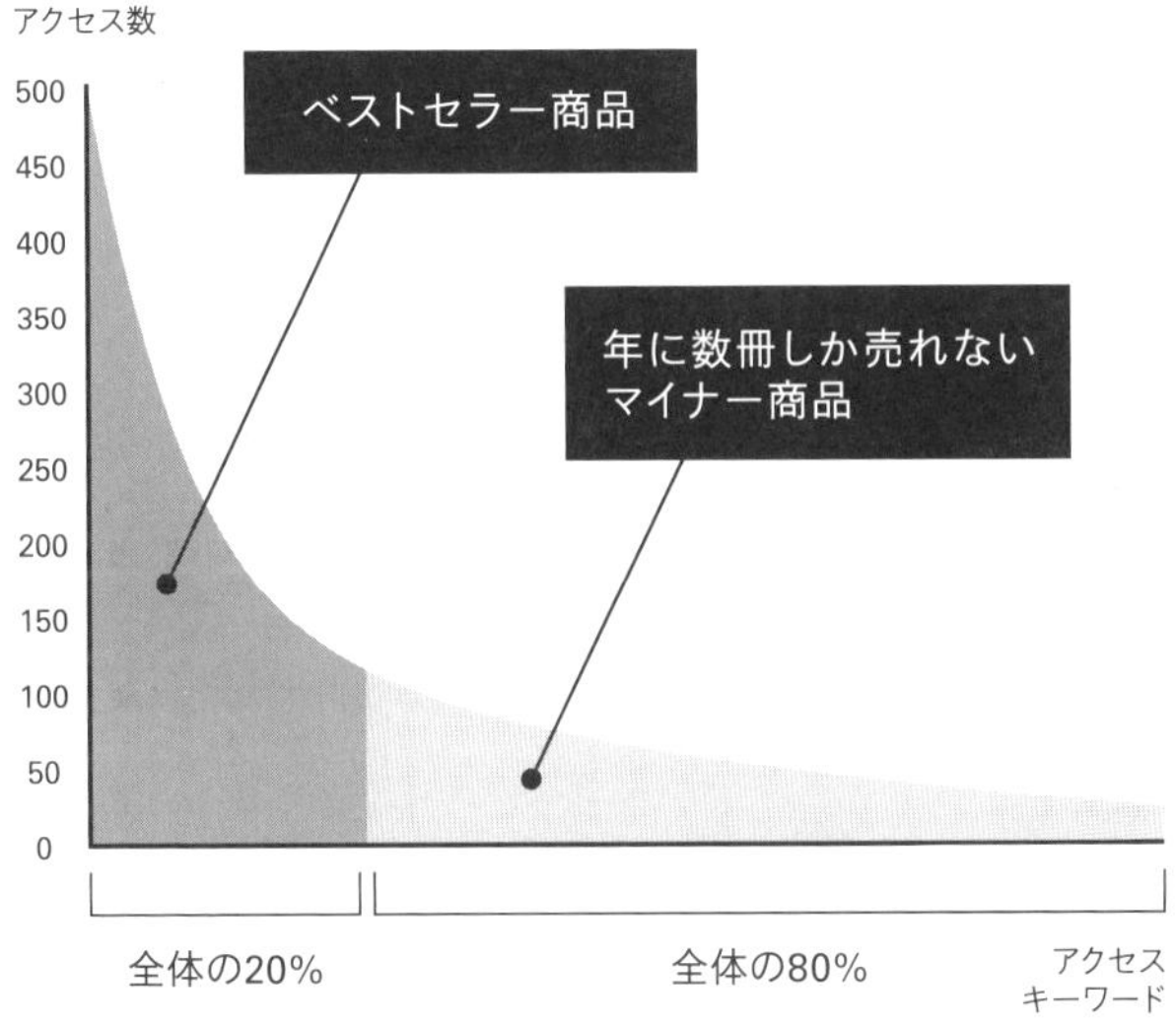

Amazonのロングテール

日々の改善活動という地道な創意工夫が続けられています。また、**キバシステムというロボット**がセンター内をくまなく動きます。倉庫というと、商品棚は動かず人や機械が動いて棚に商品を出し入れするイメージがありますが、このキバシステムは、棚がロボット化されて動き、**人は動く必要がなく、それが画期的な効率化**をもたらすのです。

また、アマゾンは書籍のＥＣサイトだけでなく、**ＡＷＳ（Amazon Web Service）というクラウドサービス**（世界のトップシェアと言われています）や、電子書籍端末（Ｋｉｎｄｌｅ）、プライムビデオなど、様々な事業を創出しています。

日本は、**イノベーションというより、他を真似るのが得意**と言われています。また、システム化による改革と言っても、自分の作業手順を変えようとせず、ボタン１つで仕事が楽になる程度ぐらいにしか考えていない人が多いのも実情です。**日本企業の特徴として、急激な変化を望まず、保守的であること**も挙げられますし、トップが改革を目指しても現場担当者は自分の仕事が変化するのを嫌がる傾向があります。

日本でもイノベーションが必要だということに異論を唱える人はいないと思います。しかし、現実はイノベーションが起こりにくい土壌・文化があるのではないかと思います。なぜでしょうか？ それはイノベーションを起こす必要性を感じないからです。給料はもらえるし、悪いことをしなければ首を切られることもありません。**イノベーションを提案して否定されるより、何もしないで現状を維持する方が楽**なのです。したがって、イノベーションを起こす必要性を感じないのです。イノベーションを起こしていくためには、そのための何らかの仕組みが必要です。

電話、自動車、飛行機、トランジスタラジオ、テレビ、電子レンジ、エアコン等、これまで発明されてきたものを挙げてみました。他にも、**内視鏡、カップラーメン、宅配便、ゲーム機、発光ダイオード、ハイブリッド車、カラオケ、自動改札システム、回転寿し、カーナビ、QRコード**などもあり、これらは**日本で発明されたもの**です。

大きなことにこだわる必要はありません。小さなことでもコツコツと、新たな価値を創っていこうではありませんか。

寸鉄

今の日本企業に必要なことはイノベーション！
新しい製品、生産法、原料、販路、顧客など、ITで価値を創りませんか

システム導入の目的は効率化や生産性向上だけですか？

システム導入の目的は何ですか？　と尋ねると、多くの会社の方から**業務の効率化や生産性の向上**、と言われます。そして、その先にある目的は何ですか？　と続けると**「コスト削減」**との答えが返ってくるものです。ここで確認したいのですが、コスト削減は最終目標なのでしょうか。そうではなく目的は**利益を増やすこと**ではないのでしょうか。

コストを削減することと、利益を増やすことは同じであると言われる人がいらっしゃることと思います。確かにそうなのですが、売上－コスト＝利益の算式をみると、**利益を増やすためにはコストを下げるだけでなく、売上を伸ばすこと**もあります。

この両者の違いは何でしょうか。ズバリ**「守り」と「攻め」**です。システム導入によって業務の効率化を図ったり、コスト削減をするというのは「守り」です。これに対して、先に述べた米国の高い収益を上げている企業では、ＩＴの活用による**企業の製品・サービス開発強化やビジネスモデル変革を通じて新たな価値の創出やそれを通じた競争力の強化**を目指す、いわゆる「攻め」のＩＴ経営を行っているのです。同じ

ＩＴ投資であっても、ここに大きな差があるのです。

他の守りのＩＴ投資の例には、**法制度への対応、手作業のＩＴ化、業務量の増加への対応**などがあります。法制度への対応は守りの最たるもので、例えば、消費税率が上がることによるシステム対応には価値創造はなく、マネジメントも可能な限り安く対応して欲しいと思うものです。このようなＩＴ投資が多いと、「しょうがない」「もう少し安くできないのか？」というような思いになってくるものです。

そうではなく、**顧客サービスを向上させる、新しい市場を開拓する、ＩＴを活用してビジネスモデルを変革する、新たな技術・製品・サービスを利用する**、といった攻めのＩＴ投資を行っていけば、その効果によって売り上げが増え、**投資額より売上増加額が増えてくれれば、もっと投資をしよう、そして、さらなる大きな売上増を獲得しよう**、となってくるものです。

人手不足や資材高騰などの厳しい経営課題に対応するため、**ＩＴ活用によって生産性向上**を目指していこうとの取り組みが多くあります。ここで「生産性とは何か」を考えてみましょう。生産性は「アウトプット（産出量）をインプット（投入量）で割った」計算式で算出されます。例えば、**労働生産性であれば労働時間を分母（イン**

プット）とし、**労働で得られた価値（成果）を分子（アウトプット）**によって求められます。他にも、生産性といえば資本生産性などの指標が有名で、設備投資額（インプット）と生産量（アウトプット）で計算されます。

業務の効率化などを行い、分母が少なくなるようにすれば生産性数値は高まります。ここで留意したいのは、分母を少なくするだけでなく、**分子を大きくしても生産性が高まるということに着目したいのです**。むしろ、**分母を小さくするより分子を大きくすること**の方が、選択肢が増え、高い効果が望まれるものです。

働き方改革が叫ばれていますが、労働生産性を考えると、**分母である労働力は十分に小さくなっており**、これ以上小さくすることを試みるのは時代と逆行します。むしろ、労働によって得られる成果を高めていくことを考えていきませんか。

寸鉄

ＩＴ利活用による生産性向上は業務の効率化やコスト削減だけではない付加価値を高める施策を講じていこう！

システム企画をKKD（勘、経験、度胸）に頼ってますか？

サッカーの監督をするとして、一対ゼロで勝っていて残り15分となれば、どのような戦術を採りますか？ **「しっかり守りきって、あと1点取りに行け！」**というような無策ともいえることを選手に指示したりすることはないですか？

「守って攻める」、両方大事ですし、どちらもおろそかにすることはできません。しかし、その時の状況に応じて何に力を入れるのか、補うものは何なのかを考えて戦術を組み立てるのがリーダーの役割です。先に、**守りのITだけでなく攻めのITを活用しよう**との話をしましたが、それらのバランスをどうとるかが重要です。

企業の中には様々なシステムがあります。**販売管理や会計管理といった業務システム、社外公表のホームページや社内用の掲示板、電子メールや情報共有の場、**また、企業内に止まらず、**受発注のデータのやり取りや物流など取引先とも共通のシステムを利用する場合**がありますし、**名刺管理や日程調整、会議室の予約など、**数え上げればキリがないほどの領域があり、これらを支える**インフラというべき、基盤・ネットワーク・セキュリティ**なども挙げられます。

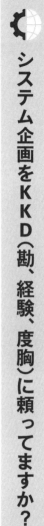

企業内には様々なシステムがあります。どのシステムをどのように刷新してくか、新しい仕組みを採り入れていくのかは重要な検討事案ですが、それをKKD（**勘と経験と度胸**）**だけ**で判断していませんか。または、声の大きなヒトの意見に左右されていませんか。そうであれば、「守って攻めろ！」と大差ありません。

システムを「守り」と「攻め」に分ける考え方の参考になるもので、ジェグリー・ムーアが著書『キャズム』で提唱した、**SoR（System of Record：取引結果を記録するためのシステム）とSoE（System of Engagement：つながりのシステム）**という考え方があるので、ご紹介します。

SoRは直訳すると**「記録するシステム」**になりますが、企業内における人事や会計などの基幹系システムを指し、**社内のユーザーの利用を前提としたもの**になります。このようなシステムは、**高品質・安定稼働・正確・手厚いサポート**などが求められ、**効率化によるコスト削減を目指す場合**が多いもので旧来のビジネスシステム、言わば、**守りのIT**がこれに該当します。また、個人情報などの機密情報を扱うシステムもこれに該当し、誤作動や情報漏洩などを絶対に起こさないよう細心の注意を払うことが求められます。

ＳｏＥは直訳すると**「つながるシステム」**ですが、差別化による競争力強化と収益の拡大を目指す場合が多いもので、利用者は取引先、潜在顧客を含みます。このようなシステムでは、**高い満足（わかりやすい、できる、楽しい）・速い・安いコストなど**が求められます。ここでの**「つながり（engagement）」**ですが、**ビジネス上で関わる企業や顧客、潜在顧客との関係をつなぐこと**と言え、マーケティングに関わるシステムやオンラインショッピングなどで、新しいビジネスチャンスを生むもの、言わば、**攻めのＩＴ**と言えるものです。

ＳｏＥのシステムとＳｏＲの違いをひと言で表現すると、ＳｏＲは結果を記録するシステムですから顧客が製品やサービスを**〝買ってから〟**処理するものに対し、ＳｏＥは、顧客に製品やサービスを**〝いかに買ってもらうか〟**のものです。

システムをこれらの２つに分ける考え方は、世界的に有名なＩＴアドバイザリ会社のガートナー（Ｇａｒｔｎｅｒ）社が提唱しているもので、システムをモード１（ＳｏＲ）とモード２（ＳｏＥ）とし、この２種類のシステムが共存する状態をバイモーダルＩＴと言います。

モード１のシステムというと、経理会計や販売管理、商品管理や人事管理などの基幹系システムが主流で、手間のかかる作業をシステム化による効率化でコスト削減を図るのが主な目的でした。

一方、ＷｅｂサービスやＩＴ基盤の新しいビジネスの分野では、事業展開にも開発にもスピードが求められます。まずはサービスを開始して、必要に応じてシステムを増やしていく、あるいは改善していくという考えです。完璧を求めるのではなく、より実用性の高いものを目指す。そして、従来からある仕事をシステム化するのではなく、ＷｅｂやＩＴを使って新しい仕事や価値を生み出していく、こうしたシステムがモード２です。

日本は**守りのＩＴは多いけれど攻めのＩＴが弱い**と言われます。なぜでしょうか？先に述べたように、ＳｏＲのモード１のシステムは、高品質・安定稼働・正確・手厚いサポートなどが求められ、誤作動や情報漏洩などを絶対に起こさないよう細心の注意を払うことが求められます。これに対してＳｏＥのモード２では、**攻めの場合は守り以上のシステムを企画せねばならないとの先入観**があるのではないでしょうか。

攻めのシステムの要件は、**安いコストで気軽**に始めるものです。例えば、**ネットの広告コストをテレビのＣＭと同**じように考えていないでしょうか。実際には１クリッ

バイモーダルIT　モード1とモード2

モード1	特性	モード2
安定性	**重要視**	速度
ウォーターフォール	**開発手法**	アジャイル
IT部門	**管理部門**	ユーザー部門
予測可能業務	**適する業務**	検索型業務
運用者 （オペレータ）	**対象**	革新者 （イノベータ）
効率性やROI	**期待する効果**	新規性や 大きなリターン
統率力や実行力	**実践方法**	機動力や柔軟性
月次〜年次	**期間**	日次〜週次
トップダウン	**経営**	ボトムアップ

ク○○円ぐらいの価格であるのに、テレビのＣＭのように30秒○百万円のような高いコストのイメージです。コストが高いとのイメージがあるので、それを上回る効果を見込めないと前に進めず、結果として何もしていないという状況になります。

攻めるということで言えば、サッカーで5点とろうとしても結局は1点の積み重ねです。ところが、5点とらないと効果が得られないようなコスト感があるので、最初から5点以上とるとの発想になってしまうのです。そうでなく、**攻めのモード2は、もっと気軽で、楽しく、失敗しても次いこう、という楽観的なもの**なのです。この発想転換が必要なのです。多くの日本の会社にはこれがないので、**攻めのＩＴが伸びないもの**と分析しています。元来、攻めと守りは別物です。攻めを守りの延長と考えず、守りは守り、攻めは攻めと考えていくことが得策です。

寸鉄

守りでも大変なのに攻めがもっと大変と思うのが誤り
安く、気軽に、楽しく！　これが攻めのＩＴの本質である

既製品に合わせますか？ それとも好み通りに作りますか？

システム導入が必要な時を、服を欲しいと思う時に例えてみましょう。何が言いたいかといえば、その服を**作りますか？ それとも買ってきますか？** ということです。自分で服を作ると、サイズも好みに合うものが作れますが、既製品でも良いものが多くあります。むしろ、自分の身の丈に合わせるより、好みを変えても世間一般的なことに合わせていく、ということができるのではないかと思います。

この**「作るか、買うか」の調達原理**は他にも言えるものです。ランチ、カーテンなどホームセンターなどで売っているもの（DIY：ドゥ イット ユアセルフで、**自分で作ること**もあります）、**大きな買い物なら住宅**でもこの選択があります。一般的に作るものはオーダーメイドで、自分の好みには合いますが、時間やコストがかかります。それに対して既製品はすぐに買えますしコストも安いものです。カーテンなどは、サイズさえ合えば数千円で買えたりもしますが、オーダーメイドになると〇万円、10万円以上になってしまう場合があります。住宅で言えば建売住宅は適度な価格で買えるものですが、注文建築となると結構な値段がするものです。

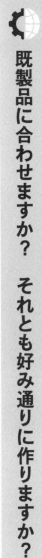

システムでも同じように作るものと買うものがあります。家電量販店やネット通販の例では、年賀状作成やワープロや表計算ソフト、画像や動画の編集、セキュリティなどの、いわゆるソフトやアプリと呼ばれるものを買うことができます。また、消費者向けの数千円、数万円のものだけでなく、会計管理や給与計算、生産管理や販売管理などの企業向けの業務システムも買うことに分類されます。こうした市販されているものを**パッケージソフト（略してパッケージ）**と言われます。

一方、システムを作るということはオーダーメイドでシステムを構築することで、**「独自開発」「手組みシステム」「スクラッチ開発」**などと言われます。スクラッチという英語は、「最初から」「ゼロから」という意味で、独自システムを開発することの表現として使われます。ゴルフでのスクラッチ（ハンデなしでプレーすること）や、競馬でのスクラッチ（出走取消）、映像のスクラッチ（傷がつくこと）とは意味が異なりますが、「この案件はもう一度スクラッチからにしましょう」というように、「最初から、一から」ということでスクラッチと言われます。

パッケージ導入とスクラッチ開発には、図に示すような違いがありますが、**特殊性が少なく、安価で早期導入をしたい場合には、パッケージ導入**が適していると言われ、

パッケージ導入とスクラッチ開発の比較

パッケージ導入	特性	スクラッチ開発
経理業務や人事業務などどの企業にもある業務	**向いているケース**	独自の経営戦略や事業戦略
豊富	**機能**	要求に基づく
ないことが多い	**柔軟性**	高い
制約の可能性あり	**他システムとの連携**	開発しやすい
早くできる	**開発期間**	長くかかる
エラーは少ないはず	**安定性**	エラー発生の可能性大
リーズナブル	**コスト**	高いのが一般的
最重要	**業者選び**	重要
重要	**要求の取りまとめ**	最重要

特殊性が高く、オリジナル志向のものにはスクラッチ開発が適していると言われます。家の中にある家具やカーペットなどでも、既製品で安価なものと、特注品で高いものとの違いのようなものです。

また、サーズ（ＳａａＳ：ソフトウェア アズ ア サービス）と称する、ソフトウェアをネットワークなどを通じて提供し、利用者が必要なものを必要なときに使う利用形態、サービス型ソフトウェアと呼ばれるものも登場してきています。「ソフトの月額利用料〇〇円」というようなものです。企業向けの電子メールや情報共有システムにはこのような形態のものが増えてきていますし、新聞などのネット有料配信サービスなどもこれに含まれるものです。

最近では、このようなサービスを**クラウド**と称するようになってきています。従来は手元のコンピュータで管理・運用していたソフトウェアやデータなどを、インターネットなどのネットワークを通してサービスの形で必要に応じて利用する方式で、このようなシステムが**空に浮かんでいる雲（クラウド）のように張り巡らされていることから**、グーグルの最高責任者が２００６年にクラウドコンピューティングを提唱したのが始まりとされています。

この**「作る」か「買う」、「利用する」の判断は大事**なところです。

ソフトウェアで実現する機能自体が**商品やサービスの差別化につながり、競争力の源泉となる場合**になり、作り込みに要する費用を上回る収益が十分見込まれる場合には「作る」戦略をとるのが正しいとされています。

これに対して、**競争領域でない機能をITで実現する場合、外部からのノウハウや協調的な取組によって開発コストを抑えてITによる効率化を目指す場合**には、「買う」または「利用する」戦略をとるのが正しいものです。

しかし、この「作る」でも「買う」「利用する」でもない形態があります。それは**パッケージのカスタマイズ、アドオン**と呼ばれるものです。パッケージは提供される機能をそのまま使うべきものですが、パッケージの提供する機能が自社の状況や要求を満たしておらず、パッケージに機能を追加（作る、開発）するものです。スクラッチで開発するには時間とコストがかかり過ぎるので、パッケージを利用し足りない部分を開発しようというものですが、多くの失敗事例があります。その失敗とは、**当初予想より開発する部分が増え、納期が遅れ開発費用が膨れ上がる**というもので、中にはスクラッチ開発の方が良かったのでは？　と疑問を呈するものがあります。

パッケージのカスタマイズが膨れ上がる理由のほとんどは、**企業内の独自性に関する認識**です。アインシュタインの言葉に「常識とは18歳までに身に付けた偏見のコレクションのことを言う」(『アインシュタイン150の言葉』ディスカヴァー・トゥエンティワン)とありますが、企業が常識と思っていることが世間の非常識、つまり、独自性を伴っていることにあります。本来、**パッケージの適用領域は企業の競争源泉になるものでなく他社と協調できるような内容であるため独自性は要しない**のですが、いつのまにか独自性が必要という認識になり、カスタマイズをしてしまうようです。「作る」ならスクラッチで、「買う」「利用する」なら開発を行わないシステム導入を行いましょう。

寸鉄

ファミレスでメニューにないものを注文しますか?
パッケージやクラウドで、追加の開発依頼はやめましょう!

スポーツや音楽で、道具にどのくらい費やしてますか？

よく**システムはツール（手段）**であると言われます。全くもってその認識は正しいと思います。**ツールとは、道具・工具・用具・手段・方法**などの意味ですので、システムの主体者は利用者であるとの本質をはき違えてはなりません。

「手段」は「目的」にはなり得ません。よく**「手段」と「目的」を混同しがち**なのですが、**「目的」とは目指す事柄で、その事柄を実現する行為・方法・要素が「手段」**となります。何かを成し遂げようとするとき、目的と手段はセットになり、いつのまにか手段を実行していくことが目的と化してしまいがちですが、ここは気をつけておきたいものです。

『私の提言』（サンケイ新聞社　1971年）という書籍で「コンピュータは、ある面では、生きた人間の、いかなる頭脳も及ばない優秀さを持っていよう。しかし、それは、客観的に記号化し、数量化できるものに関してであって、本来、数量化されない人間性を対象とすることには、大変な誤りが伴う危険がある。コンピュータは今のところ、人間の忠実な下僕である。だが、たしかにある面では、人間より、幾千倍も優秀な頭脳であり、だが、その一面の優秀さを過信すると、やがて、人間はコンピュータの奴隷になってしまうかもしれない。問題は、コンピュータの賢明な使い方をしることである。ここで、賢明なとはほかならぬ、人間自身の賢明さである」との記述があり、ここで言われる**人間自身の賢明さ**がなければ、ダメということです。

道具（ツール）ということで、スポーツや音楽の道具を例にして考えるとよりわかりやすくなるかと思います。ゴルフの道具や音楽の楽器です。ゴルフを上達したいと1本10万円をするような道具を買っても、使う側がそれを使いこなせなれければ猫に小判ですし、ストラディバリウスという一挺が一億円を超えるバイオリンでもそれがわかる音楽家でなければその価値を引き出すことができません。

反対に、利用者が下手くそであっても、良い道具を使っていればそれなりの成果（パフォーマンス）をあげることができます。その意味で、道具と言いつつもバカにせず、十二分に活用するよう心がけたいものです。

道具を活用するにはどうすればいいのでしょうか。その留意点を幾つか挙げておきます。スマホやパソコンを選ぶときにどうするかを考えたり、スポーツや音楽の道具をどのように手入れしているかを思い返してみましょう。

●身の丈に合う道具を選ぶ

最初に挙げておきたいのがこのことです。スポーツの道具でも自分の体に合ったものを整えるのが当たり前で、企業でも規模に合ったものを選ぶことが求められます。**高いから良い、安いからダメ**といったことはありません。要はその企業に合っているかどうか、それが大事なのです。

●他社（他者）に翻弄されない

他社（他者）が利用している道具に良い評判があると、ついついそのことを鵜呑みにしてしまう恐れがあります。他社で良いことがあっても、なぜそれが良いのか、その内容をよく吟味し、**道具に翻弄されない**ようにしましょう。

●役割を間違えない

道具には様々な用途があるもので、一つの道具で全ての役割を担うことはできません。用途を分析し、その役割に応じたものを選びましょう。

●よく情報収集を行う

どのような道具があるのか、よく情報を収集しておくことが望まれます。情報は待っていても来ません。**自らが探しにいくという前向きな姿勢**が大事です。

●使用上の注意を怠らない

道具がよくても、その使用上の注意を間違えてしまっては道具のメリットは発揮されません。それどころか、悪いことが起こることもあり得ます。

たかが道具、されど道具です。最近は様々な分野で道具が進化し、道具の良し悪しで大きく左右されるのも事実です。そうであるからこそ、道具の必要性・重要性を再度認識し、選び方を間違えないように注意を払い、道具を使いこなしていくことが求められます。

寸鉄

バカとはさみは使いよう。昔からの格言である道具の能力を生かし、うまく使いこなしていこう！

システム開発の企画を検討したら完成は3年後。その頃は？

システムを「作る」ことと「買う」「利用する」ことの良し悪しは一長一短で、**一概にどちらが良いとは言えない**ものです。食事に例えれば、自分の好みを全て知ってくれて、その時のTPO（時間、場所、場合）に合わせた食事を提供してくれるレストランがあれば使い続けていきたいものです。

しかし、そのようなレストランは高いのが一般的で、それを維持するヒトが足りなくなってきているのが問題です。**特にヒト不足は深刻**で、とはいっても簡単にすぐに解決できるものでもありません。企業内の情報システム部門でも、会社内の状況を全て理解していて、業務上の課題を解決するシステム開発ができる要員が社内から少なくなっている（いなくなっている）のが実情かと思います。

社内にヒトがいないなら社外に頼むしかない、とその作業を業者に依頼することになっていきます。企業内の業務を外部に委託することは悪いことではありません。現に、清掃、ビルのメンテナンス、パンフレットの制作など多くの業務を委託していることと思います。

システムを開発しようとする場合、自社内にその要員が整っているという企業はおそらく一つもないことでしょう。何らかの形で、いや、ほとんど全てを外部に頼らざるを得なくなっているかもしれません。そうして、全ての内容を業者に委託することになると**「ロックイン現象」**が起こります。**ロックインとはある特定の業者がサービス提供内容や製品利用で企業を囲い込むこと**です。業者からすれば、自社の顧客が競合他社に奪われないように参入障壁を高めたいのです。我が社でなければいけない理由が強ければ強いほど顧客は競合他社に移れなくなります。飛行機のマイレージを例にとれば、特定の航空会社の利用に特化すると、その航空会社を利用するメリットがどんどんと高まり、他の航空会社を利用しなくなるようなものです。

会社側からすると、ロックインされないように他の業者に移し変えることも検討しますが、高いスイッチングコスト（現在使っている製品やサービスを他に乗り換えようとする際のコストのこと。新しい製品やサービスの性能が高く、価格的に魅力的であっても、導入の手間や時間、習熟に要する労力を含めたスイッチングコストが高ければ、容易に乗り換えはできないもの。スマホの他社移行も一例です）をかけられず、ロックイン状態が続きます。

ロックインされると何が悪いのか、なぜロックインが起こるのかといえば、業者に丸投げしてしまうからです。そして、ロックインされている間、新しい技術が起こってもそれを採用することがなく、古いシステムを使い続けることしかできません。新しく開発しようとしても、自社ではどのような機能をどこの部署の誰が使っているのかを把握していないため、その業者以外に依頼することが出来なくなります。

そうした状況下、さすがに古いシステムを続けられないからと、その業者に**新規のシステム開発の提案・見積を依頼すると、〇年〇〇円**という予想外の長くて高い金額の見積書を突き付けられてしまうようなことがあります。その見積に対して、値下げの交渉をしようとしても、他社との競争状況におかれていない場合には競争原理が働かず、値下げ交渉が実らないこともあります。

私たちのプライベートの生活上では、電気製品、車、旅行といった買い物で、その製品やサービスを提供する会社を自由に選択できる環境にあります。そして、これらの製品やサービスの競争が激しくなるほど、安価で質の高いものを入手するために〝品定め〟をするようになります。

この事と同様に、ユーザ企業が、システムを利用しようとする場合に、自社にとって適切で価値に見合うものかを見極める〝目利き〟の役割を果たすことが重要になります。もし、何かの原因でこのことが阻害されていくなら、そのツケはコスト増や品質低下に現れることになりかねません。

コストを安くしようとする場合、大抵の場合、単価の安い技術者を探し始めます。なぜなら、システム開発のコストは、通常、技術者の人月単価と工数の掛け算によって決まるので、単価の安い人を探せばコストが安くなると考えられるからです。

しかし、コストが単価と工数の積算で決まるのであれば、単価の安い人を探すだけでなく、効率よく仕事ができ、少ない工数で作業を終えられる技術者を探すことも考えられます。技術者の能力は単価に比例しないこともあり、単価が高くても早く仕事を終えられる技術者の方がコストの総額が安いこともあり得ることを銘記しておきましょう。

寸鉄

コストを抑えようと、単価の安いヒトを探すのは安物買いの銭失い
期間を短くする方がコスト削減と価値創造につながる

IT活用を成功させていくために

ITを活用して成功した、変革があった企業の例を、もしITがなかったらと、タイムマシンに乗って昔に戻るように考えてみましょう。

- 会議室の予約をノートで管理する
- 双方がスマホなしの状態で、待ち合わせに遅れる連絡をする
- 会社の決算をするために帳簿をつけて電卓（そろばん）で計算する
- 銀行預金の預入と引出しのために窓口で手続をする

と考えるだけでも、もはやあり得ない時代に戻ってしまいます。

また、グーグルやアマゾンといった世界的な企業だけでなく、日本でのIT活用事例を振り返ってみましょう。

- 交通系ICカードにより、切符を買う必要がなくなる
- 価格比較サイトによって、安いモノを容易に探せる
- ネット通販により、遠隔地に足を運ばなくても買い物ができる
- ポイントが貯まって得をする

こうして挙げると、IT活用は大企業だけというイメージにもなってしまいますが、中小企業でも多くの活用場面がありますし、中小企業庁や商工会議所でもIT活用を積極的に推進しています。

攻めのITの考え方で述べた通り、効果は一体どれだけあるのか（投資に見合うのか）、と検討を躊躇するより、次のように、小さなことでもコツコツと成功事例を積み重ねていきましょう（出典『業績向上へのIT活用ガイドブック』東京商工会議所）。

●現実的な目標設定を

ITに過度な期待をかけすぎず、**現実的な目標をできれば数値化して立てていくこと**です。大風呂敷を広げても長続きさせることは難しいものです。

●小さく始めて大きくする

様々なことを一気に変えるより、少人数で使って成功例を作ってから規模を拡大していくことも一案です。また、最近は**クラウドサービスのように「持たずに使うIT」**が多く出ていますので、まずは使ってみるという進め方が可能になってきています。

ITを活用して企業の達成したい目的

- ☑ 新しい市場・販路を開拓したい
- ☑ 競争力のある製品・サービスをつくりたい
- ☑ 作業時間を短縮したい
- ☑ 事務通信費を削減したい
- ☑ 仕入・外注などの変動コストを改善したい
- ☑ 経営の意思決定を早めたい
- ☑ 取引先との連携を強化したい
- ☑ 海外など事業拠点の進出を実現したい
- ☑ 社内の情報を共有・活用したい

（出典：業績向上へのIT活用ガイドブック　東京商工会議所　2013年）

●利用者の理解、合意形成を

仕事のやり方が変わると、それの良し悪しに関わらず、何かと抵抗勢力が出てくるものです。そのためにも**利用者が「何のためにＩＴを使うのか」**を理解して、主体的に動くことが大切です。

●「強み」をさらに強く

ＩＴの活用分野を**会社の弱みを補うものでなく、会社の強みをさらに強くするために使う方が**、より高い効果を得やすいものです。

●データをつなげる

情報共有は、ＩＴ化によるわかりやすい効果になります。特に「いつでも」「どこでも」データがつながるようになって、在宅勤務やテレワークが可能になり、些細な用事のために帰社せざるを得ないという不便さもなくなるだけでなく、取引先ともデータがつながるようになってきました。

これから、大いにＩＴを活用して、次のようなことを実現していきませんか。

- 顧客からの注文引合に、即座にその場で答えられる
- 「在庫が残った」という言葉を聞かなくなる

- 締めがなくなり、月末・月初の繁忙期から解放される
- 過去の問い合わせやクレームを体系的に管理できるようになる
- マニュアルを作らなくても動画で仕事の切り口を分析する
- 顧客がどの製品に関心があるかがわかるようになる
- 人身事故で遅刻するとの連絡を電車からできるようになる
- 特定の顧客に、定期的に情報を送りたい
- 月末に報告書を作らなくて済むようになりたい
- 営業報告や勤務実績を外出先から報告したい

このようなことは夢物語でしょうか。夢だと思っていたらいつまでも実現できません。20年前と今の技術の差を比較してみて下さい。

20年後は、その差以上に、今の技術と違う何かが現実のものとなっているでしょう。

寸鉄

「できない」ことを「できること」に！
「できること」から「便利でやりやすい」に！

システム導入に失敗しない
プロマネの心・技・体
―持続可能な成長のための気づき―

第3章 とにもかくにもプロジェクトを立ち上げよう

プロジェクトという言葉をよく耳にすることと思います。

例えば、「新製品開発プロジェクト」「○○システム再構築プロジェクト」「働き方改革プロジェクト」などです。

このプロジェクトの意味は、**「業務上の組織とは別に、なんらかの目的を達成するために、臨時で構成される組織やその業務のこと」**とされ、定常業務とは別に、一時的に部門横断的に編成されるものです。例えば、「働き方改革プロジェクト」や「新工場設立プロジェクト」、さらには「新製品開発プロジェクト」や「○○の問題解決プロジェクト」もあるかと思います。

大規模なシステムの導入は、システム部門だけでできるものでなく、多くの関係者とのコミュニケーションを必要とするのでプロジェクトの形態で遂行されていくものです。そして、プロジェクト期間は数年にも及ぶものもあります。

この章では、課題があるのになぜプロジェクトが立ち上がらないのか、プロジェクトを立ち上げるにはどのような留意点があるのか、プロジェクトを成功させていくためにどうすればよいのか等をご紹介いたします。

検討ばかりを続け、課題の未決状態が続いていませんか？

「課題が解決されていない」という状況が長く続けばどう思われますか？

多くの人は、**良い状況ではないけれど、さほど深刻な状態ではないのではないか**というようにとらえるのではないかと思います。もしそうであるなら、そこに**致命的な問題**が潜んでいます。その**致命的な問題**というものは、誰が見ても明らかなものというより、ちょっとしたボタンの掛け違いのようなもので、気づきにくいのです。

「課題が解決されない」という状況があるのであれば、**企業内に課題が長期間放置される体質がある**危険性があります。解決されない課題があっても問題視しない、課題を解決できる人がいない、課題が多すぎてどうしようもならない、等です。

課題が解決されないという例として、社内システムにセキュリティの脆弱性があるとします。その脆弱性を直す方法がわからない、業者からは凄く高い金額の見積が届きシステム投資を渋る、放っておいても何もないとそのままにする、というような状況です。また、利用しているシステムの保守切れを起こすと数年前からわかっているにも関わらず、**直前まで対策を怠り、ぎりぎりになって足元を見られるような施策**を渋々受け入れるというようなことです。他にも使い勝手が悪いとの評判のシステムを長年そのままにしておくことや、買い替えるべき機器を長持ちさせるのが美徳と抑え込むようなことも解決されない課題と言うことができます。

ともかくも、**システム刷新課題を長期間放置していること自体、その企業にとって大きな失敗**です。何もしないということは、ゼロだからいいじゃないか、もうしばらく今のままで我慢しようと思いがちですが、**周りは進歩しているので、ゼロではなく相対的にマイナス**なのです。そして、そのような状況が続いている企業から多くの従業員の不満が聞こえてきそうです。

システム刷新というと、10年に1回の大仕事と思っていませんか？　かつてはそういう時代もありましたが、今や、スマホの買い替えと同じような感覚で、**どしどしと新しい技術や製品を採り入れて生産性を高めていく時代**になっています。

逆に、**そんなに変えていくべきでないとの主張**もあるかと思います。たしかに、真理や精神性、数学上の定理のように、変わらないものがあります。たとえば、ピタゴラスの定理（三平方の定理）は、永遠に不変なものです。この不変のものが存在することによって、変わらなくてもよいではないかと勘違いが起こります。

ここで気をつけたいことは、**不変である真理や精神性**と、**変わりゆく価値**を分けることです。しかし、この分け方をはき違えてしまい、**変わるべきところを変えられなくしている事**が多くあります。自宅にある電気製品を思い浮かべてみましょう。10年以上使っていることを自慢するより、新機能を伴う新製品の方が便利で、コスト的にもお得な場合が多いものです。実は、**「変えていく」ことによって価値をもたらし、売上の向上やコストの削減に**貢献していくのです。

変えることは動くことです。動くことに不安を感じることがあるかもしれませんが、たとえば、自転車は動いてこそ安定するものです。体感はできませんが、地球はものすごいスピードで自転・公転をしています。ともかくも、**価値創造のための行動**を起こしていきませんか！

寸鉄

「現状維持」は相対的に後退！
何もしないのは悪いことをするのと同じこと

誰もやりたがらず、誰かがやってくれると思っている

今使っているシステムを効率化できるよう改修したいとの要望や、あっちこっちのシステムにデータが散在していてそれを共有したいということはありませんか？　そういうことも課題として挙げられます。

そのような場合、**誰（どの部門）がそのシステム刷新を推進していく**のでしょうか。ほとんどの人は、**「私じゃない、あの人がやるべきだ！」**と思っています。

なぜ、**誰もやりたがらない**のでしょうか。まず、今行っている仕事が忙しく新しいことまで行う余裕がない、というような状況が挙げられます。さらに、そのような新しい職務を担当しても給料が増えるわけでもなく、労力の割には評価をされることもなく、新しい職務を担当し、それが失敗でもしてしまったら評価が下がってしまうので、新しい職務の担当を避けるものです。

こうした状況が多くあるので、システム部門では**バックログ（実施すべきとされながらも、未着手のまま放置される業務や案件のこと。システムの分野では、開発要求がありながらも、予算や人員の不足などにより後回しになり開発に着手できていない**

案件のことをバックログということが多い）がどんどんと溜まっていきます。

こうした状況になることは会社にとっては悪い状況です。しかし、システム部門に改善を求めてもシステム部門はお腹が一杯で、時には検討すること自体の時間をとれないこともあるものです。ではどうすればよいのでしょうか？

システムのことだからと、**システム部門に任せきりにするのでなく、利用部門がもっと関わっていくべき**で、利用部門がイニシアティブをとっても良いのです。

ひと昔前は、システム部門の担当者がシステム刷新を主導してきましたが、今の時代は利用部門がリーダーシップをとる時代へと変わってきています。思い切って、**利用部門がリーダーシップをとるプロジェクト**を発足していきませんか。

寸鉄

システム導入は部門横断の全社的作業
システム部門への任せきりでなく、利用部門のリーダーシップを！

ヒトがいないと困りはてる。適任者が見つからない

プロジェクトを立ち上げようとする際、体制図の器や役割が出来上がっても、それを**担うヒトがいない、責任者の候補がいない**と困ることはありませんか？

よく**「組織かヒトか」との議論**がありますが、プロジェクトの成功の秘訣はヒトにあります。プロジェクトでない定常業務であれば、役割や業務内容が予め定められ、誰が担当しても同じような品質の成果を得ることができるものですが、プロジェクトは誰もやったことがない単発的なものであるので、責任者／担当者の資質によって成果が大きく異なってくるものです。

システム導入において、コンサルタント会社やＩＴ製品を取り扱う会社と共同してプロジェクトを編成することがありますが、**コンサルタント会社やＩＴ企業の評判がサービスを受けた会社によって異なること**があります。つまり、同じ会社であるのに成功例と失敗例があることです。同じ会社なのに違いがある理由は、ひとえに担当するヒトによる違いであるといっても過言ではありません。それほどヒトによって左右されてしまうものです。

次のようなことがあると、**システム導入のプロジェクトは失敗**してしまいます。

- 目的が曖昧であった
- 仕様が固まらなかった
- 要件がどんどんと膨らんでいった
- 関係者の意見がまとまらなかった
- 期限までに作業が終わらなかった
- 十分なテストをせず本番稼働を見切り発車した
- 新しいことにチャレンジする勇気がなく現状に固執した

これらのことは**リーダーシップの欠如**から起こる可能性が高いといえます。本来、次のようなことができていればこうした要因は起こらないのです。

- リーダーがゴールを熱く語り、メンバーを牽引すること
- 勇敢な意思決定を行うこと
- リーダーが成功に執念を持ち、他人任せにしないこと
- メンバーが主体的に作業できるようにすること
- 関係者間の対立を解消すること

これらのことは、必ずしもシステムの専門知識を必要とするものではありません。システム導入の体制における担当者、なかんずくリーダーはシステムの専門知識を保有する人でなければダメという先入観はありませんか？

そのような専門知識があるに越したことはないですが、**プロジェクトの責任者の必須要件は、リーダーシップを発揮できるヒトであること**であり、システムの専門知識があることは必須ではありません。そう考えると、プロジェクトの役割を担うヒトの選択肢が増えてくるはずです。

寸鉄

プロジェクトの成功秘訣は、1にヒト、2にヒト、そして、3にヒト
システムの専門知識よりリーダーシップを発揮できるヒトを責任者に！

人それぞれの言うことが違い、何をしたいかわからない

プロジェクトが始まり、いろいろな意見を交わすようになると、人によって言うことが違うという戸惑いを感じることはありませんか？　また、そもそもプロジェクトの全体像が見えない、目的がわからない、というようなことはありませんか？

このようなことは、**プロジェクト企画書を文書化していない**ことから起こります。**企画書が文書化されていないプロジェクトは120％失敗する**と言ってよいでしょう。

企画が文書化されていないと、同じ意識に立っているようでも微妙に違いが発生し、時が進めば大きな違いになってしまいます。プロジェクトに限らず、何か新しいことをしようとする際には、その企画の合意をとっておくことが必要です。新製品の開発、新しい拠点の開設、議論したらキリがないようなことを文書なしに議論したら意見がまとまるはずがありません。

企画書は計画書とは異なります。計画書は作業内容までを含みますので、場合によっては数百ページにもなり得ます。企画書はシンプルなもので、何を書くべきものかと問われれば、ひと言で言うと次の5W2Hをまとめることです。

Why（なぜ：システム導入の目的やゴールを確立する）
Who（誰が：責任者、担当者を明確にする）
What（何を：システム化を行う対象範囲を明確にする）
When（いつ：本番稼働時期やそれまでのスケジュールを決める）
Where（どこで：どの業者に依頼するかを決める）
How（どうやって：どのように導入するのかとの方針を決める）
How much（いくら：システム構築に費やす予算を決める）

これらは、具体的には次の内容になります。

①基本事項

プロジェクト名称

名前をつけておくと、メンバー間の会話がしやすく、意識も高まります。「得意先情報共有化システム検討」というような仮称でも構いません。

プロジェクトの背景と目的

どのような背景、課題があり、そのために何を達成したいのか、との目的を記載します。シンプルなことですが**「なんのため」**を掲げるのです。これが一番重要と言い切って良いものです。

プロジェクトの目標

本稼働時期やプロジェクト終了時に測定できる数値目標等を記載します。

目標は、**後になって達成できたかがすぐにわかるもの**にします。

プロジェクトの対象範囲

スコープとも言われることですが、何を対象とするのか、逆に言えば、対象でないものは何か、これを明確化します。

これが曖昧だと、要件やコストが膨れ上がり、大変なことになってしまいます。

成果物

プロジェクトには成果物がないといけません。がんばった大変だった、というだけでは誰も評価してくれません。

目標の達成状況を確認するためにも、**「成果物」**を明確にします。

予算

予算○○○円、とたった1行の内容の項目ですが、最重要の項目であると言っても

プロジェクト企画書に含めるべき内容

プロジェクト企画書には以下の内容の全てを含んでおくことが望まれます。実際の企画書と照らし合わせてみましょう。

❶ 基本事項

プロジェクト名称
プロジェクトの背景と目的
プロジェクトの目標、ゴール
プロジェクトの対象範囲
成果物
予算

❷ 体制

各体制の役割
プロジェクトオーナー（最高責任者）
プロジェクトリーダー（実行責任者）
事務局の体制
チーム毎の体制と責任者
関係部署、社外の関係者

❸ スケジュール

開始日と終了日
マスタースケジュール
主要マイルストーン

❹ リスクと留意事項

主要リスク
制約条件
前提条件

よいものです。何事も先立つものはお金です。関係者の中には思惑が違う人もいます。予算を明記しておきましょう。

②体制

先に述べた通り、「誰」が担当するかは非常に大切なことです。

プロジェクトオーナー（最高責任者）、プロジェクトマネージャー（実行責任者）、事務局、各チームの役割と氏名を記載します。時折、ＴＢＤ（to be determined：未決定）との略語を見かけますが、主要な役割のＴＢＤは御法度です。

③スケジュール

プロジェクトの開始日、終了日、すなわち、システムの本稼働時期が確定してくると企画が現実味を帯びてくるものです。数年に及ぶような長期プロジェクトもあり得ますが、そのような場合は**主要マイルストーン（「マイルストーン」を訳すと一里塚になり、「道しるべ」と言えます）**を示しておくことが必要です。

④リスクと留意事項

　プロジェクトにリスクはつきものです。そのリスクは皆で認識すべきものですので、主要リスクは記載しておきましょう。

　リスクだけでなく、**制約条件や前提条件**も記載します。**前提条件**は、プロジェクトを推進するに際し、これは成り立っていると仮定して進めようというものです。**制約条件**は、限られた条件の元でプロジェクトを推進しなければならない、その条件のことです。例えば、予算やスケジュール、外注先の選定などがあります。

　たとえ、社長が口頭で特命するような事案でも、企画書の文書化は必要です（社長の指示は絶対的なものと、文書化もせずにプロジェクトを立ち上げることがあります）。プロジェクトを立ち上げるのが先か、企画書を作るのが先か、との鶏か卵のような状況にも陥るものですが、まずは、誰かが代表して企画書を作成しましょう。

寸鉄

企画書がないプロジェクトは間違いなく迷走する！
プロジェクトを立ち上げるために、まずは企画書の文書化を

そんなこと聞いてないよ、とへそを曲げられてしまう

プロジェクトは様々な人が関わってくるので、**体制を十二分に検討することが重要**であるのは先に述べた通りです。ただ、企業の中には体制図のヒトが「向き／不向き」の問題程度だけでなく、**「好き／嫌い」**、**挙句には派閥**があったりするものです。『アイツがやるならオレはやらない、なんでアイツが……。』『やるなら勝手にやってくれ！　どうせなら失敗してくれた方がオレに都合がいい。』このような不協和音というか反乱分子はどこにでもあるものです。

このような状況を察して、水と油のような関係のヒトを接点のないようにプロジェクトメンバーから外した時に限って**「そんなこと聞いてないよ」**とへそを曲げられてしまいます。そのヒトの部門が無視できないような役割であったらもう大変。**それが原因でプロジェクトが頓挫**してしまいかねません。

他の日本的なこととして、入社年月の先輩後輩の作用が働いたり、出身大学や出身地のつながり、挙句には縁故の関係があったりと、プロジェクト体制の整備を阻害する要因はキリがありません。

とは言えども、多くの関係者と調和を保って遂行していくのがプロジェクトの宿命です。そこで**ステークホルダー（利害関係者）マネジメント**が大切になってきます。

ステークホルダー（利害関係者）としては、以下の方々が挙げられます。

- 資金の提供者、コスト負担部門
- トップマネジメントから出る責任者
- 利用部門の関係者
- 取引先（システムに影響がある場合）
- 協力会社

ステークホルダーマネジメントは、いわば近所付き合いとも言えます。**近所付き合いで大切なことは挨拶**です。

自宅の引っ越しや新築、改築などにあって挨拶をするかしないか、たったそれだけのことですが、不信感につながることがあります。したがって、ステークホルダーへの連絡はメールで済まさず、面前でひと言伝えるのが大事です。「よろしくお願いします」「お忙しいところありがとうございます」「ご協力をよろしくお願いします」「他の業務に支障はないですか？」「何か困っていることはないですか？」等、これらの短いひと言でも相手の心に伝わります。

逆に、上から目線で「役割として当然のことをしてください」というように振る舞うと「アンタにそれを言われたくない」と協調心を殺ぐのです。会社の中には意見の合わないヒトや嫌いなヒトがいるのは当たり前のことです。嫌いだからといって、プロジェクトメンバーから外したりすると、関係はより悪くなっていきます。

ここは、仕事上の付き合いと割り切り、ステークホルダーには、好き嫌いに関係なく、**敬意をもって謙虚に大人の対応を**していきましょう。その方がお得です。

寸鉄

ステークホルダーマネジメントは近所付き合いのようなもの
嫌でも付き合わなければならず、敬意をもって謙虚に大人の対応を！

物事は始めが肝心

プロジェクトが始まっても、進捗が見られないということがありませんか？　その原因の多くには、**キックオフ（ミーティング）を実施していない、または、キックオフが失敗していること**にあると思われます。

キックオフは、サッカーやラグビーなどで試合開始を意味する言葉ですが、プロジェクトを立ち上げて、最初に行う会議のことを言うものです。

そのキックオフが開催されていなかったり、顔合わせ程度の内容で済ませていたなら、メンバーのやる気が出ず、進捗が見られるはずがありません。

キックオフでは、**プロジェクトの目的や体制、進め方を説明した上での、メンバーの腹落ち感**が求められます。そのためにも、**わかりやすい「プロジェクト企画書」があることが必須**といえます。メンバーがキックオフに招集され、その場に、大した資料もなく、「さあやりましょう！」と掛け声程度の内容だけで終わったとしたら、そのプロジェクトでやる気が出るでしょうか？　やる気を出すためにはそれなりの工夫を施します。

キックオフの成功要件

- ☑ わかりやすいプロジェクト企画書が提示されているか
- ☑ プロジェクト目標を達成すれば
会社の未来が明るくなると実感出来るものか
- ☑ 社長やトップマネジメントは参加されたか
- ☑ メンバーがやる気を持ったのか
（わくわく感が生じているか）
- ☑ 参加者からの発言が活発であったか
- ☑ プロジェクト期間は示されているか
- ☑ 次のマイルストーンが明確になっているか
- ☑ 各メンバーが何をすべきか明確になっているか
- ☑ 本音で語り合うための工夫（親睦会など）があるか

キックオフには、社長や可能な限りの上位役職者の出席が望ましいものです。たとえ、体制に入っていないヒトであってもマネジメント層の方々が関わることは悪いことではありません。キックオフで、メンバーに対してプロジェクトの委嘱状（賞状のような体裁）を社長直々に手渡すという会社に遭遇したことがありました。そうしたことで、メンバーのやる気向上のきっかけになりますし、単に集まって会議をするだけでなく、何がしかの工夫が必要です。

プロジェクトメンバーは、いろいろな部署から集まるので、お互いを知ってないという状況が予想されますし、時には外部の業者も加わります。**メンバーが本音で語り合えるため**にも、懇親会などの親睦の場を持つことも有用です。

なんとなく行ったキックオフでは、成果もなんとなくにしかなりません。キックオフに全精力を注ぐ覚悟で取り組みましょう。

寸鉄

キックオフの終了時の顔色ややる気
それがいつもと同じ程度なら、そのプロジェクトは失敗するでしょう！

システム導入に失敗しない
プロマネの心・技・体
―持続可能な成長のための気づき―

第4章

人手不足は「良い業者」を選んで乗り越えよう

人手不足が慢性的な状況になってきました。ましてITの分野は専門性を要し、人手不足はしばらく解消されそうにありません。人手不足になると、それを解消するために外部の業者に委ねることが多いものです。それが度を過ぎると「丸投げ」になります。

長年「丸投げはダメ！」と言い続けられてきました。しかし、現実として丸投げが増えてきて、アウトソーシング（自社の業務を委託すること）という言葉が流行ってくると丸投げを否定できなくなってきました。そして、丸投げ自体は悪いことじゃない、良い業者を選ぶことができるなら、むしろ、丸投げでも良いことがあると思えるようになりました。

人手不足なら、**良い業者を選んで外注すること**で乗り越えればいいのではないでしょうか。ただし、良い業者を選ぶことができなければ、品質を落としてしまったり、高いコスト負担を強いられたりするものです。

この章では、良い業者を選ぶためのポイントや良い業者を選べなかった場合の弊害などをご紹介いたします。

業者選びに失敗してしまい、大変な後悔をする

昨今、**企業内でのヒト不足が顕在化**しています。また、ＩＴに関わる領域は専門性も求められ、企業内で人材を育成するということが困難になっています。

システム導入には主体性が求められるものですが、ヒトがいない状況で外部業者に委ねることを否定してしまっては、何もできないことになりかねません。

また、**アウトソーシング（自社の業務を外部の専門業者などに委託すること）**という手法も定着しています。丸投げを推奨するものではありませんが、良い業者を選ぶことができるのであれば、業務を外部に委託するのは悪いことではありません。

ここで大事になることとは、**「良い業者を選ぶ」**ということです。もし、注文住宅を建てるということになったら何に関心を持たれますか？　木造にするか鉄筋コンクリートにするかといった工法や、コストに関心を持たれると思いますが、**「どの業者に頼むのか」を最重要視**されるのではないでしょうか。

家を建てる際、「どの業者に頼むのか」を安易に決める家主はいないでしょう。システム導入でも同じです。

また、家族が重病にでもなれば、「どの病院に診てもらうのか」をおろそかにする**人はいないでしょう**。システムができあがった後、**何らかの欠陥や失敗が発覚すれば、関係者の矛先は「どの業者が作ったのか」**に向けられます。それほど業者を選ぶことは大事なことなのです。ところが、残念ながら次のように**うかつに決めてしまうという失敗例**があるものです。

●これまで取引のある業者に依頼するものと決めつけていた

導入するシステムの特徴や世間の動向に関わらず、**これまで取引のある業者に依頼するものと決めつけているケース**があります。このような場合、他の業者がより良いソリューションを、より安く提供していたとしても享受することができず、世間から取り残されてしまいます。

●役員や部長の一存で決めてしまった

会社組織の中では、**上層部の指示は「天の声」**のような絶対性がある場合があります。時には、社長の友人の会社に決まってしまう場合もあります。会社の上層部はITに疎いことも否めず、場合によっては**致命的な失敗**になりかねません。

●紹介を鵜呑みにしてしまった

知人から業者を紹介され、**特段の選定評価作業もしないで決めてしまうこと**があります。先に述べた上層部の一存で決めることと同じような失敗になる構図です。

●利用部門の了解をとらず、情報システム部門だけで決めてしまった

情報システム部門がシステム化を企画する場合、**現場の了解をとることなしに決めてしまうこと**があります。家を建てることに例えると、「金の出所はお父さん」とお父さんの意見だけで決めてしまうようなものです。この場合、後になってお母さんとの意見が合わずに問題になりがちです。お母さんの意見、すなわち、**システムを「使う人の意見」**を業者選定の段階から採り入れることが求められます。

寸鉄

意外と軽視されている「どの業者を選ぶ」かということ
どのくらいの時間をかけてますか

他に良い業者があったのに、ロクに調べもしないで損をする

新しくシステムを導入（刷新）しようとする際には、まず、自社のやりたいこと（要求）をまとめ、それを実現してくれる業者を探します。もう少し補足すると、**現状分析を行ってそれに関連する課題を洗い出し**、それらをまとめたもの（要求仕様書）を業者に提示し、業者から提示されるソリューションを見極めます。

このような手順は悪くはないのですが、システム導入（刷新）の際には、**自社だけでは得られない「気づき」**を採り入れることができるかがポイントです。

その気づきとは、業者が提供する**製品の特徴、コンサルタントの知見、他社事例など、文字通り自社では想定できないもの**です。

このことをセキュリティソフトに例えて説明します。セキュリティソフトが必要になり家電量販店に行って、**「○○というセキュリティソフトを下さい」**と言うと、店員は間違いなく「○○」の製品を持ってきます。ところが、**「セキュリティソフトには○○、△△、□□というように複数の製品がありますが……」と、パソコンの仕様、機能、買いたいのですが、何が良いですか？」**と聞くと、

予算などの商品説明をしてくれます。そこに**「気づき」**がある可能性があります。

このように、先に「〇〇の製品を下さい」と伝えてしまうと、店員は他に良いものがあっても、何か新しいことは言わないので、**「気づき」を得ることはできません。**

他の例を挙げると、家づくりの際、防音の部屋が欲しい場合に、「防音の部屋が必要」とだけ伝えた場合、業者はどのような防音装備すればよいのか迷い、その結果、過剰や不十分な部屋になってしまうかもしれません。それを恐れて、発注側が防音のことについて調べ、「防音の壁はこの材質を使って」「窓ガラスはこのメーカーのもので」というように、**何か具体的なことを指定しまうと、先のセキュリティソフトと同じになってしまいます。**防音の部屋についての伝え方は、「子供がピアノを弾く」「映画を気兼ねなく見られるホームシアターを作りたい」というレベルが良いのです。

「餅は餅屋で」（何事にも専門家がいるので任せるのが一番良いと意味）という格言がありますが、業者には**自社の要求を実現してもらうだけでなく、業者からの気づきを引き出すこと**を心がけたいものです。

以前、そば屋に入った際、次のような話がありました。「冷たいそば」を注文する人がいて、そこで店員が「お客さん、温かいそばのほうがおいしいですよ！」とお

気づきを得る

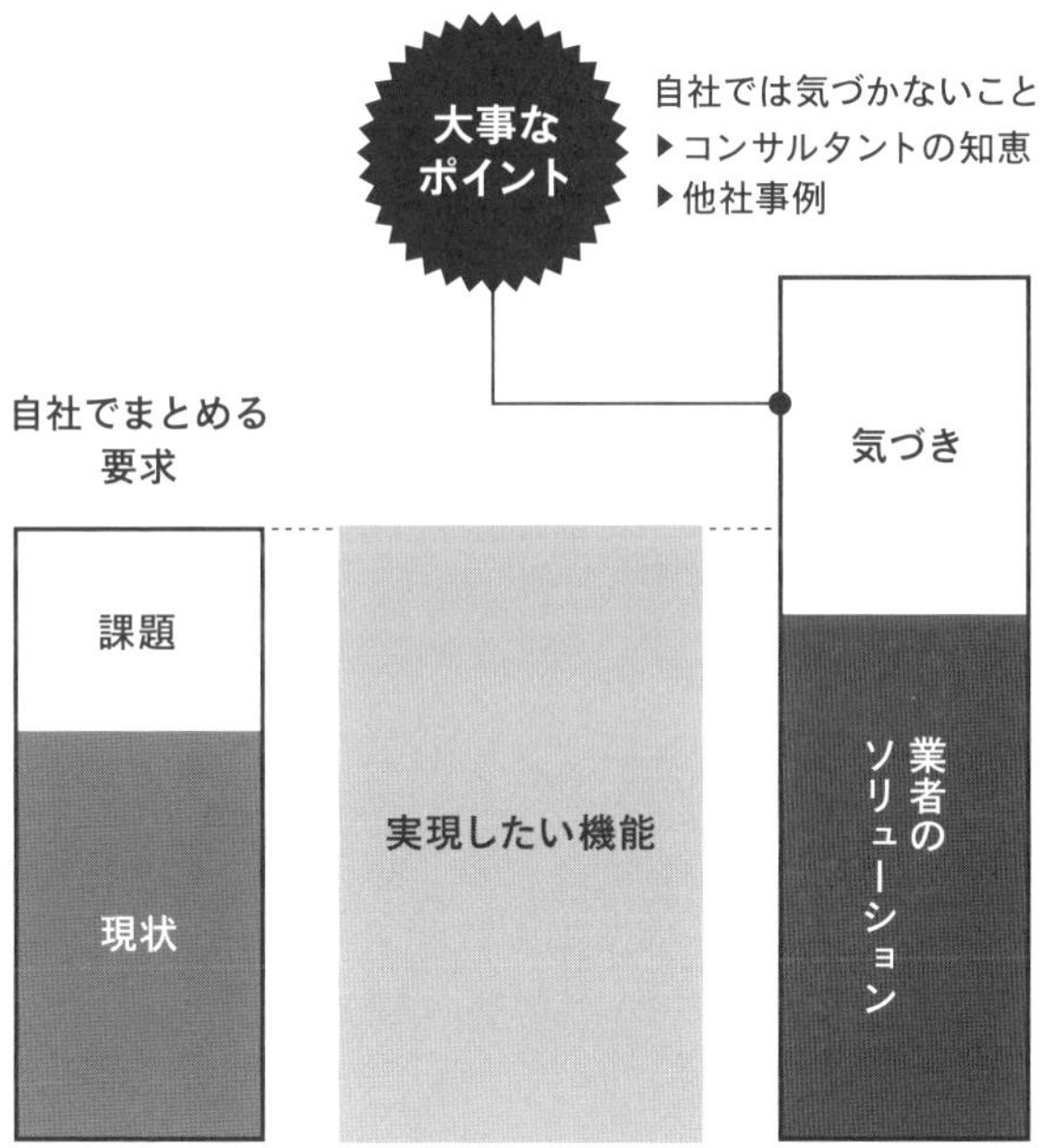
大事なポイント
自社では気づかないこと
▶コンサルタントの知恵
▶他社事例
自社でまとめる要求
課題
現状
実現したい機能
気づき
業者のソリューション

客の注文を変えようとするのです（笑）。**こういう業者があればオモシロイ**のですが、普通、顧客の注文に異論を唱えることはありません。業者から気づきを引き出すためには、コミュニケーションの工夫などが必要です。そのためにも、ある程度は業者の情報を知っておくことが求められます。その情報は**待っていても情報は得られません。自らの手で、自分の足で、次のような方法で、情報を獲得しに行く**のです。

●インターネット（IT系のメディアのサイト含めて）を検索する

自社の要求や課題の中から登場する主要なキーワードを検索する
業界団体や研究機関のサイトを調べる
業者のサイトより利用者（ユーザー）の声を重視する
ＰＤＦのように記事がまとまっているものを探す

●イベント（展示会）やセミナーに参加する

キーワードのネット検索や専門誌などの広告からイベントを把握する
無料のものは時間があるなら行ってみる
参加するだけでなく、終了後に質問をして講演者と会話する

イベントで紹介されたパンフレットや書籍などを読む

●同業他社、業界団体などのコミュニティから話を聞く

同業他社や業界団体の集まりには積極的に参加する

他社の話を聞くだけでなく自社のことを話す（でないと話してはくれない）

良いと思うことがあれば、遠慮せず、個別の意見交換の場を申し入れる

内容だけでなく、金額や導入期間なども調べておきたいものです。後になって、もっと安いものがあったと気づくと後悔してしまいます。情報を知っておいて損することは絶対にありません。どんな些細なことでも業者の情報を調べておきましょう。

寸鉄

予め業者が決まっていたとしても業者の情報収集は行うべし！
価格や事例など、知らないと損をする情報が埋もれている……

複数会社から見積もりをとらず、業者の言いなりに

業者を選ぶ際には、**アイミツをとることが基本**です。アイミツとは、相見積のことで、案件の発注に際して複数社から見積書を提出させ、その金額などから発注する相手を決定する選考方法のことです。見積書をもらう業者が1社だけだと、価格が高すぎるかどうか、品質が良いのかを比較することができず、**結局のところ、業者に言いなりに**なってしまう可能性があります。

また、専門的な内容を理解できなくても、複数業者の見積書を比較することによって、理解を促進できることがあります。アイミツは、コスト削減だけでなく、品質レベルを確保するためにも有用になります。

価格の見積だけでなく、内容を吟味できる提案書を出させて、それを審査することを**プロポーザル方式（Proposal：提案）**又は**コンペ（Competition：競争）方式**と言います。

専門性を要する仕事を依頼する場合、単に価格の安さだけで選定したのでは、期待した結果が得られないリスクが生じることがあります。このため、価額だけでなく、

提案内容を比較して業者を選ぶ方法が増えてきています。

　このような方式で業者を選ぶ場合、提案を依頼する際に**ＲＦＰと呼ばれる文書**を発行します。**ＲＦＰとは「Request For Proposal」（日本語に訳すと提案依頼書）**の略で、発注の可能性のある業者に提案を依頼する文書のことで、次の内容を記載します。**システム構築の目的やゴール、システム化の対象範囲、要求仕様（現状と課題）、開発体制と役割、本番稼動時期とスケジュール、成果物・納入物の定義、前提条件と制約条件、既知のリスク、コミュニケーション方針など。ＲＦＰで「何をしたいのか」（Ｗｈａｔ）**を示すと、業者の提案書では、それを**「どのように実現するか」（Ｈｏｗ）**を答えることになります。また、ＲＦＰで**「なぜ情報システムを必要とするのか」（Ｗｈｙ）**を示すと、良い提案を受けられる可能性が高まります。**ＲＦＰを発行することで、同じ条件で複数提案を比較することが**できます。

　複数業者の提案を比較することは大事なことですが、現状や要望を口頭で伝えるとなると、同じことを3回も4回も話すことになってしまいます。こうした作業は現実的でないばかりか、業者ごとに微妙に条件が変っていくことにもなりかねません。したがって、業者からの提案を比較するための前提として、**同じ条件で業者に依頼する**

ためにも依頼事項を文書化しておくことが望まれます。

ＲＦＰという文書によって、どのようなシステムを作りたいのかを、**明確に漏れなく業者に伝えること**ができます。そして、**文書化という作業を進めていく中で、現状の業務手順や新システムで実現したいことを整理すること**ができます。

ＲＦＰを発行する際は、会社の正式文書として業者に提出します。その場合は担当者の一存で決めることはできず、社内の正式な承認手続きを経ていきます。そして「〇月〇日に業者に提案依頼の説明会をするので、それまでにＲＦＰを見ていただき、コメントがあれば教えてください」というような連絡により、**社内の関係者に依頼をしやすくなり、社内の合意形成が促進されていく**というメリットも生じます。

また、提案を受領してから「さあ、どう評価しようか」は後手の極みです。**どのような評価の場合にあっても評価基準は予め作っておくべき**です。もし、人事上の評価について、始まり時点では何もなく、後出しジャンケンのように評価されたらムカつくのと同じです。

その評価基準には、要求に対する充足度、課題解決の内容、コスト、事例、体制の合理性等があります。

そして、評価したい内容についてはＲＦＰに記載しておくことが望まれます。業者から受け取る提案書に、評価をしたい項目が示されていなければ意味がありません。また、提案書のどこに記載しているのかが分からない場合もありますので、「提案書に記載すべき事項」のような項目をＲＦＰに記載しておけば評価をしやすくなります。

最後に、ＲＦＰを業者に提出して業者からの提案書を受け取ると、次のような副次的なことが提案書に記載されていることもあります。

- **新しい製品やソリューションを知ることができる**
- **他社事例を知ることができる**
- **自社では気づかないことを提案してくれる**

このように、業者に競争を促すように文書で提案を依頼することは様々なメリットがあります。しかし、このような手続きを経ることが面倒、そんな時間や人がとれない等の理由により、**口頭で業者に依頼してしまうこと**はありませんか。「急がば回れ」という格言があります。それは**「急ぐときは、早道や危険な方法を選ばずに、むしろ回り道で確実で安全な道を通ったほうが結局は早く着ける」**という意味です。ＲＦＰを活用する上でのチェックリストを示しますので、大いに活用して下さい。

〈 業者への伝達事項 〉

- ☑ 発注側担当者の部署、役職、氏名、役割を記載しているか
- ☑ 提案を行う資格条件（担当者の保有資格、開発実績など）が記載されているか
- ☑ プロジェクトリーダーや担当者の経歴記載を求めているか
- ☑ 再委託に関しての制限があればその旨を伝えているか

〈 提案手続 〉

- ☑ 提案書の記載上のルールを示しているか
- ☑ 発注者と業者の役割分担の考え方が記載されているか
- ☑ 評価したい項目を提案書に記載することを示しているか
- ☑ 提案の期日が示されているか
- ☑ 提案書の提出方法、部数などが記載されているか
- ☑ プレゼンテーションを依頼する場合は日程が示されているか
- ☑ 提案までの問い合わせ（Q&A）方法が示されているか

〈 最終チェック項目 〉

- ☑ 目次は作られているか
- ☑ 目次の体系と本文の見出しは合っているか
- ☑ 会社固有の用語は使っていないか。または説明しているか
- ☑ ページ数が多い場合、本編と参考資料に分けているか

提案依頼書のチェックリスト

〈事前準備〉

- ☑ 目次構成について、業界団体のひな型と整合性を確認したか
- ☑ 利用部門や責任者に回覧して承認をとっているか
- ☑ 提案受領後の評価基準はできているか
- ☑ 予算を伝えるかどうかの検討を行ったか
- ☑ 契約の区切り、契約形態をどうするかの検討を行ったか
- ☑ 以下の記載ができるように作業する
  - ●システム化の概要
  - ●システム化の目的
  - ●システムの構築方針
  - ●解決したい課題
  - ●狙いとする効果
  - ●システムを利用する部門や人数

〈提案依頼書での記載事項〉

- ☑ システム化の対象範囲
- ☑ 現行システムの状況
- ☑ 業務機能要求
- ☑ 現行業務の改善要望
- ☑ 発注側のセキュリティーポリシー
- ☑ 性能要件
- ☑ 運用要件
- ☑ 本番稼動日
- ☑ 本番稼動までの主要なマイルストーン
- ☑ 成果物・納入物
- ☑ 検収方法
- ☑ 契約形態や支払に関する条件
- ☑ 費用の内訳の提示依頼

金額を安くしたいのに、予想外の高価格を提示された

どんな買い物であれ、何かを買う時には安く買いたいものです。それでは、「どうすればモノを安く買えるのか」を大阪のおばちゃんに聞いてみてはどうでしょうか。**大阪のおばちゃんといえば、メディアの影響からか、「あつかましい」「声が大きい」「情に厚い」**などの印象があるかと思いますが、モノを安く買う能力は抜群です。

その大阪のおばちゃんは買物の時、予算を伝えるでしょうか？　**「そんなん、予算言うたら足元見られて終わりやで。絶対言わへんワ！」**と言う人が多いかと思います。ここである例を紹介します。それは、システム導入の見積書をとった時、１０００万円ぐらいかなと思う費用が２０００万円を超えていたという話がありました。予想より2倍も異なると、良いか悪いかの判断や高いか安いのかの判断がつかなくなります。

提案金額の格差を避けるため、予算を予め伝えておく手法があります。予算は**「たった1行、されど1行」の項目です。**ＲＦＰは業者を競わせるものだから、予算を示す必要はないと言われる方もいますが、予算を明示しないことによって提案金額のバラつきが数倍以上になり、比較検討できなくなることが起こり得ます。

予算は、伝える場合と伝えない場合と、それぞれメリット・デメリットがありますので、一概にどちらが良いとは言い切れないものなのです。

予算を伝える場合、少なくとも業者はその予算額を目安とした提案をしてきますので、過大な予算超過が起こる可能性が少なくなります。つまり、予算を伝えることによって提案金額が想定する金額を大幅に上回ることを防止できます。他にも、予算を伝えることのメリットをまとめると次のようなことがあります。

- **提案金額のバラつきがなくなり比較検討をしやすくなる**
- **予算を明示することによって依頼内容の規模感を伝えられる**
- **業者との大きな誤解を避けられる**

反対に、予算を伝えなければどのようなことが起きるでしょうか。業者は、RFPの内容をベースに、自分たちがシステムを開発するとどのくらいのコストになるかを、本音ベースで提案してくれるでしょう。すると、業者の提案金額に大きな違いが出てくる可能性があります。ただし、提案する金額を自由に提示できることで、競争原理が働くことも抑えておきたいものです。

また、予算は「~円以内」と、上限額のみに固執する必要はなく、「~円**程度**以内」と、**2文字を追加**するだけで提案の金額が変わることがありますし、他にも、次のような工夫が考えられます。

- **書面には明示せず口頭でニュアンスや希望を伝える**
- **「〜円以上〜未満」というように金額に幅を持たせる**
- **予算を上回っても提案を検討するとの「注」を付ける**

さて、大阪のおばちゃんだとどうされるでしょうか。「そんなん言われても、ウチ、難しいことわからんワ！　でも、相手が嘘をついているかどうか、それは顔見たらわかるで。兄ちゃん、1万円くれたら立ちおうたるで」とかわされるかもしれません。

寸鉄

たかが予算、されど予算
予算を伝えるか否か、そして、その伝え方を十二分に検討すべし！

こんなはずじゃないと問い詰め、言った／言わないで揉める

完成したものが当初の想定と違っていた、多くの障害が発生した、というようなトラブルが起こると、お金を払うか否かで揉めるものです。その際、決め事が文書化されていれば解決をしやすいですが、口約束なら、言った／言わないの紛争に発展していきます。また、文書化されていたとしても、「一式」「一括」のように内容の明示がなければ口約束と同じです。

トラブル防止のためには、決め事を細かく文書化して、契約を取り交わしておくことが大事です。ここでは契約の種類と、そのポイントを解説します。

契約の種類には、大きく**「請負契約」と「準委任契約」の2つ**に分けられます。請負契約とは、当事者の一方（請負人）がある仕事を完成することを約束し、相手方（注文者）が、その仕事の完成結果（＝成果）に対して、報酬を支払うことを約束する契約です。一方、準委任契約とは、当事者の一方（委任者）が、相手方（受任者）に対して仕事の処理を委託し、相手方がそれを承諾することによって成立する契約です。この準委任契約では、仕事の完成が必ずしも目的となりません。

請負契約と準委任契約のポイント

	請負契約	準委任契約
義務	委託された仕事や 製品を必ず完成させること	善管注意義務を守った サービスの履行
仕事の完成	仕事や製品が 完成しない場合、 対価は受け取れない	未完成であっても、 サービスの提供にあった 対価を受け取ることができる
瑕疵担保責任	納入した仕事や製品に 瑕疵があれば、 無過失でも責任を負う	善管注意義務に対する 過失があった場合、 責任を負う
対価	契約時に合意した 金額を変更できない	出来高払いで考える 追加料金の請求が可能
委託者の稼動	受託者のみで 仕事や製品を完成	業務遂行の主体は 委託者であり、 受託者はその遂行を支援
下請の利用	可能	原則として不可

システム開発は請負契約として実施することが多いと思いますが、**システム化要件を定義する作業までは、準委任契約**で実施されることもあります。

準委任契約はシステムの完成を保証するものではなく、作業そのものを契約の対象とするものであり、いわば「自社の要求を予算感に見合うシステム化要件として定義する」ことに対して知恵を絞ってもらうフェーズに適した契約種類です。一般的には、要求（仕事内容）が固まっていない場合は準委任契約、固まっている場合は請負契約が適していると言えそうです。

1993年に通産省（現：経産省）が告示した「カスタム・ソフトウェア開発のための契約書に記載すべき主要事項」に、参考となる留意事項が記載され、主要事項として以下の7項目が挙げられています。

● **推進体制の強化**　● **仕様の確定**　● **仕様の変更**　● **検収**
● **瑕疵担保責任**　● **知的財産権**　● **機密保持義務**

ここでの推進体制の強化に関しては、「（1）発注者と受注者の双方が契約を履行するための主任担当者を置いて窓口を一本化すること、（2）双方が参加する協議会を定期的に開催すること、（3）双方の役割分担を、契約書に記載するべき」としています。仕様の確定については「(1)仕様の作成主体、(2)仕様の検収、(3)仕様の確定手続き」を、仕様の変更については「(1)変更の申し入れ方法と受け入れ方法、(2)変更仕様書の作成、(3)変更された仕様の確定手続きを明記すること」を勧めています。

このほか、検収基準と検収期間、瑕疵担保責任の範囲と期間、成果物の権利の帰属、既存資料や無形情報の取り扱いなど知的財産権の扱い、機密保持義務の有無についても契約書に明記しておくべきとしています。

契約というと、条文化されている文章だけをイメージされることが多いですが、電子メールの文書であっても、訴訟において、本人同士が「合意を認めます」と認めれば、その形式がどうであれ、裁判所は合意形成の事実を認めるものです。

寸鉄

トラブルが発生すると、言った/言わない、で揉めて金銭問題に発展
ともかくも、口約束だけは避け、決め事は文書に残しておくべし!

第5章

システム導入を成功させる心・技・体—その①体（基本）

システムを導入する場合、どのようなプロセスを経て本番稼働を迎えていくかご存知でしょうか？

システムのプロジェクトと言っても他のプロジェクトと比べて特別なことはなく、「準備する」「計画をたてる」「実行する」「モニタリングを行う」「本稼働を迎える」という手順です。

この開発手順は、IT企業やコンサル会社のノウハウを方法論としてまとめているものもあれば、政府や研究機関によって考案されているものもあります。これらは、いわば戦術です。

戦術がある場合と、単に**「ガンバレ！」「やるしかない！」という掛け声だけの場合**を比べて、どのような違いがあると思いますか？　戦術がなく、行き当たりばったりで対処するとプロジェクトは失敗していく可能性が高くなります。また、戦術をまとめたものは、多くの事例や見識が含まれていますので、それを手本としていけば失敗を予防することもできます。

この章では「一般的な戦術」と言われているものを元に、システム導入を成功させるための基本をご紹介します。

システムって何？

「システム」とは何のことでしょうか？

『大辞林』（三省堂）によれば、『①個々の要素が有機的に組み合わされた、まとまりをもつ全体。体系。系。②全体を統一する仕組み。また、その方式や制度。③コンピュータで、組み合わされて機能しているハードウェアやソフトウェアの全体。』と定義されていますし、IT用語バイナリ（Weblio辞書 https://www.weblio.jp/）では、『システムとは、複数の要素が体系的に構成され、相互に影響しながら、全体として一定の機能を果たす何物かのことである。IT用語としては、システムという言葉は非常に多くの場面で用いられる。具体的には、コンピュータシステム、情報システム、ネットワークシステムなどのように、コンピュータに関わるハードウェア、ソフトウェア、周辺機器などの一定範囲を示す場合が多い。また、オペレーティングシステム（OS）のように、情報システム全体から見ると、その構成要素となる部分がそのレベルでさらに「システム」と呼ばれていることがある。』とも定義されています。

システムの全体像

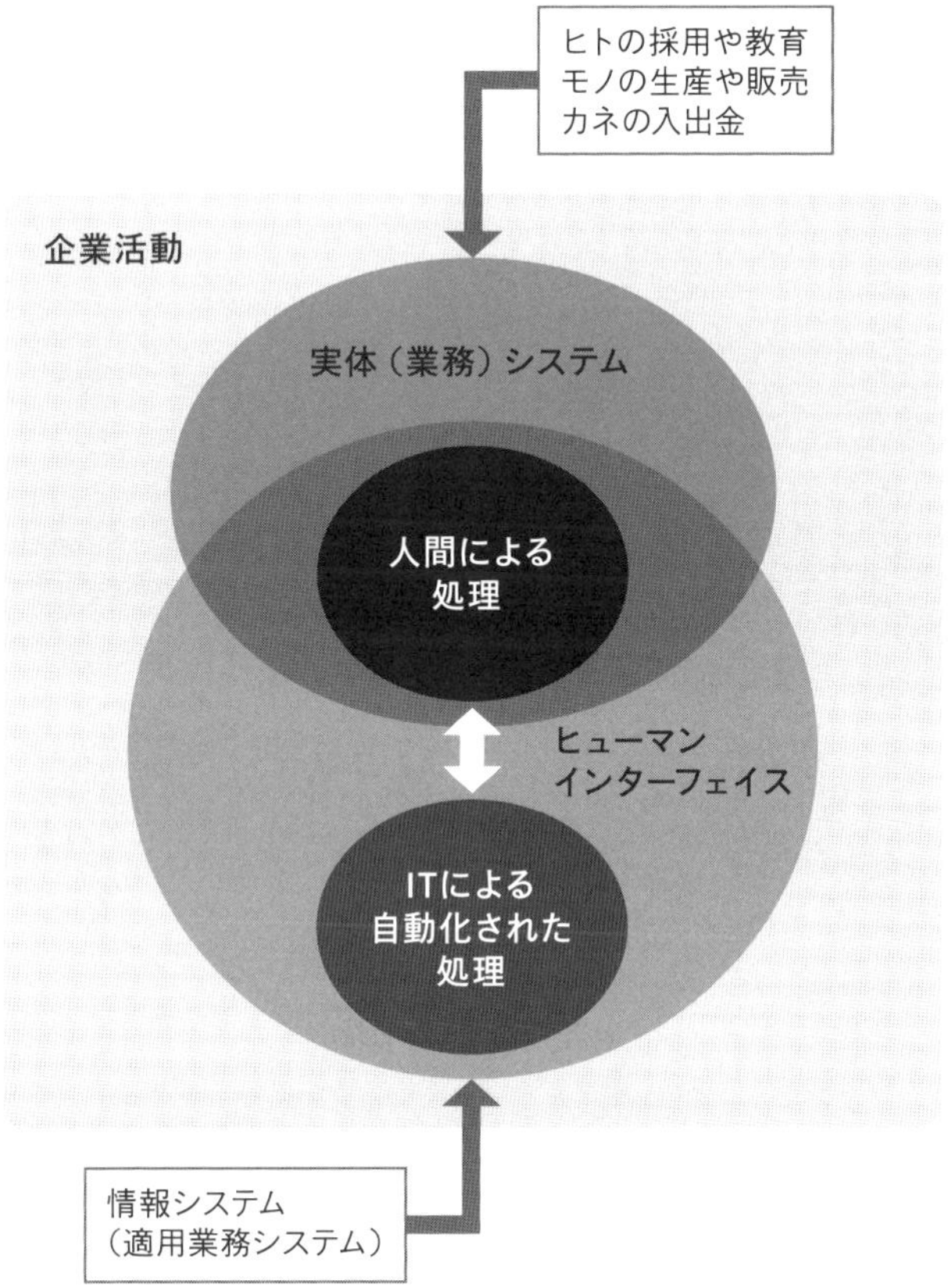
ヒトの採用や教育
モノの生産や販売
カネの入出金
企業活動
実体（業務）システム
人間による
処理
ヒューマン
インターフェイス
ITによる
自動化された
処理
情報システム
（適用業務システム）

具体的には、**システムキッチン（調理台・流し台などを組み合わせ、ひと続きのものとしたもの）**という組み合わせや、**カーナビシステム（GPSを用いて現在位置を取得、地図情報の把握、結果を表示する液晶画面）**という組み合わせ、コンピュータと呼ばれるシステムは、データの入力、内部での計算、事務処理やその他業務に必要となる各種の処理の実行、及び、必要な出力という一連の動作を行うことを指します。例えば、販売管理システムであれば、仕組み（受注から納品、請求、入金までの業務手順）と、コンピュータによる情報管理（入力、計算、保存、出力など）に分けられますし、人事管理システムであれば、人事評価の仕組み（基準、時期、方法）と、給与計算などのコンピュータにさせることに分けられます。

経営管理システムを考えるとどうなるでしょうか？　**経営の意思決定と業績向上に役立てる経営計画と実行評価の仕組み**とも言えますし、**経営のPDCAをまわすマネジメントシステム**とも言えます。決して、コンピュータに関わることだけではないことがわかるかと思います。つまり、売上や生産などの経営に関わる大量データを保存・分析するためのものだけが経営管理システムではないのです。

ITの世界でのシステムも、コンピュータによる入力・処理・出力だけを指すものではありませんし、ハードウェア、ネットワーク、セキュリティなどという技術的なことだけでもありません。しかし、多くの方が、ＩＴの世界でのシステムは、コンピュータに関わることだけで、それらは**技術者に任せるもの**と考えています。この考えを払拭することが大事なのです。

マネジメントの方々が、そして、利用者の方々が積極的にシステムに関わることが必要です。むしろ、主体的に主導していくことです。システムとは企業活動全てに関わることで、人間による処理、ＩＴによる処理、仕組みやルール、管理手法などを含むものなのです。

寸鉄

**システムは理系だけでなく、文系の処理・仕組み・ルールを含むもの
マネジメントや利用者の方々は、積極的にシステムに関わるべし！**

自分達の作りたいようにシステムを開発したい場合には？

自分達の作りたいようにシステムを開発することを、手組みのシステム、**スクラッチ（ゼロから、最初から、という意味）開発**と言うことが多いものです。

スクラッチ開発の場合、システム化企画（構想）→要件定義→外部設計→内部設計→プログラミング→テスト→移行→教育といった手順を経ていきます。これらの各段階をフェーズあるいは工程といいます。次に、各工程の作業を紹介します。

●システム化企画（構想）

現行業務の課題、世間での技術発展、経営管理者の思いなどを総合的に判断して新しいシステムの構想を練ります。具体的には、システム化目標と施策、対象範囲の設定、効果の予測や開発費用の概算を盛り込む企画書を作成します。

●要件定義

利用者の要求を文書にまとめ、新システムの要件を明らかにします。新しい業務の全体の流れを**業務フローと業務記述書（業務機能要件）**によって文書化し、入力要件、処理要件、出力要件、及び他システムとの接点要件を明らかにします。

スクラッチ開発の作業工程

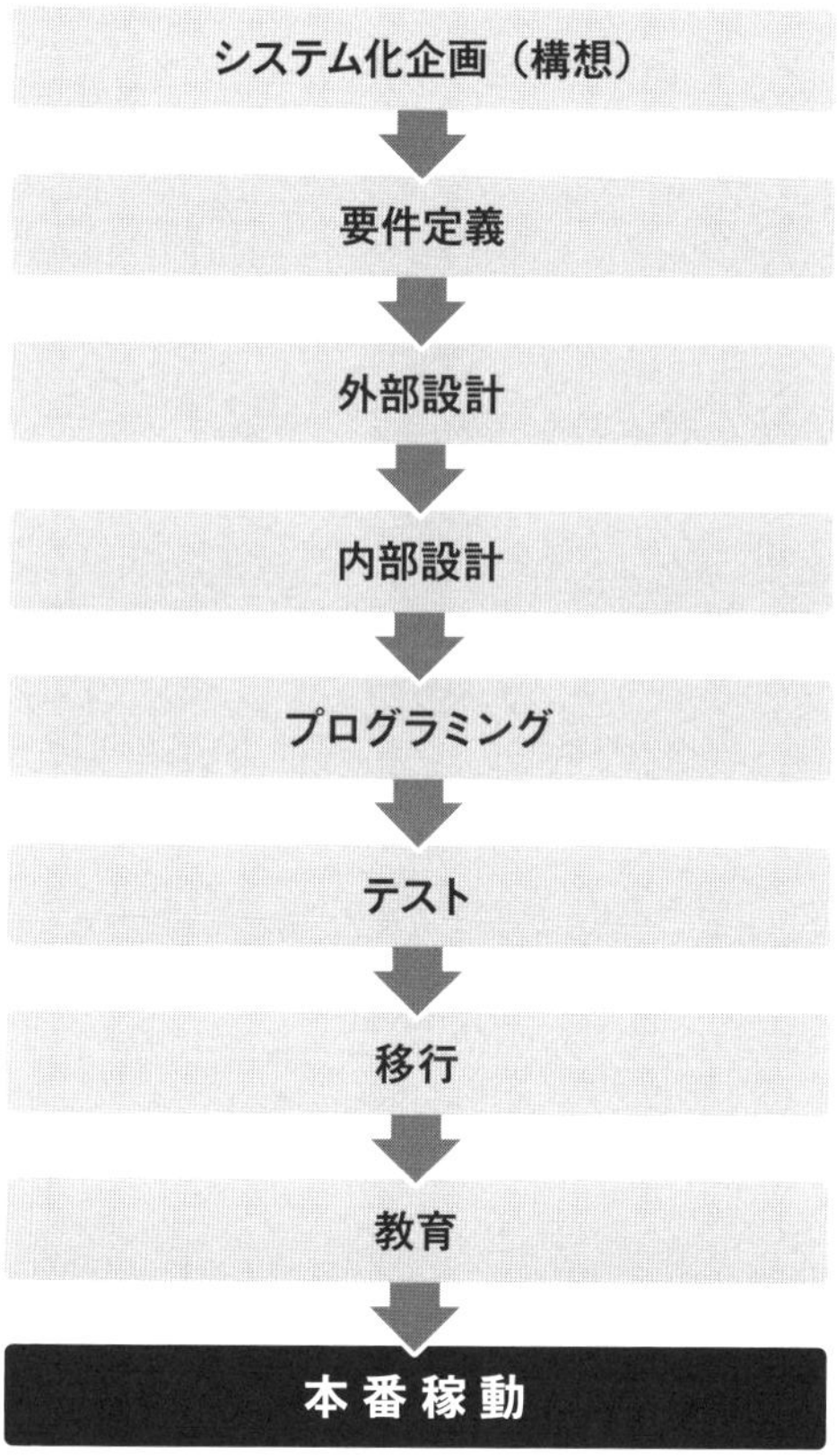

また、要件は業務機能要件だけでなく、データ量や処理速度、障害対応、運用方法、セキュリティ方針などの非機能要件も明らかにします。

●外部設計

システムの要件を整理した後、開発すべきシステムについて利用者の観点から設計します。外部という意味は、コンピュータの利用部門の立場から見えるシステムの設計のことです。通常は、新しい業務フローを作成し、それに加えて、入力データと出力帳票の図式化、画面設計、帳票設計、コード設計などを行います。

●内部設計

外部設計の後、実際にプログラムを作る観点からデータベースの設計や処理ロジックなどの詳細設計を行います。内部との言葉は、システムの仕様、処理ロジック、データベース構造などを指し、専門性を必要とする作業になります。

●プログラミング

名前の通り、プログラムを作る工程です。

●テスト

プログラムの動作が要件通りであるかを確かめる行程です。

テストには、プログラムの開発者が行う単体テストや、複数プログラムを組み合わせて不具合がないかを確認する結合テスト、システム全体のテスト、本番稼働を想定した運用テスト、性能を確認する負荷テストなど多くのテストがあります。テストの主体者や手順、確認方法については、それぞれのテストによって異なるものですが、最終的には、業者に任せることなく主体的な検証を心がけます。

●移行

移行は、システム移行（新旧システムの切り替えや機器の接続変更）、業務移行（業務手順の変更など）、データ移行（取引先コードや商品コードなどのマスタや、受注残や発注残、営業債権、営業債務などの取引残高）があります。

移行の失敗は、取り返しのつかない事態にもなりかねません。したがって、念入りに計画を立て、リハーサルを行い、リカバリ策を予め策定しておくことも必要です。

●教育

新しいシステムを利用者が使えるようになるためには教育することが必要になります。教育には、システムの操作方法だけでなく、業務手順の留意点やルールを理解することも含まれます。それらの習得方法には、研修やマニュアル、最近では動画による教育もできるようになっています。

これまで、各工程の作業内容を紹介してきましたが、外部設計までを上流工程、内部設計以降を下流工程というようにまとめて言う場合もあります。

このような手順は、手戻りが起こらないように管理していくことが大切であることから、滝の流れに例えられ、ウォーターフォールと呼ばれています。

●上流工程の大切さ

物事は計画が大切と言われている通り（段取り八分）、システム導入でも、システム化の目的の明確化や業務要件の確定といった上流工程で全てが決まります。工数が多く発生するのは下流工程ですが、**プログラムを開発する段階になって上流に遡ることがないよう**、要件定義をしっかりと行うことが肝要です。

寸鉄

プロジェクトの成否は上流工程で全てが決まってしまう
滝登りはコイの専売特許とし、決して、人間がマネしないようにしよう！

ツール（パッケージやクラウド）とスクラッチ開発との違い

システム導入の方法には、**スクラッチ開発（作る）とツール（パッケージやクラウド）を利用（買う）すること**があることは2章で述べました。これらの方法ですが、スクラッチ開発の導入方法は、**確立された手順が標準化されて普及**していますが、**ツール利用の手順は、業者や人によって考え方が異なり、確立されたものも少ないためスクラッチ開発のものを転用**しているのが実態かと思います。

スクラッチ開発は、多くの工数がかかるため、その負荷を下げてコストを削減しようと、開発の一部をツール利用に代替することがあります。その場合、開発とツール利用は、**「作る」と「買う」という根本的に違う方法**であるので、ハイブリッド（異なった要素を混ぜ合わせるもの）することに適さない場合があるので注意が必要です。

その適さない場合は、ツールを利用しているにも関わらずスクラッチ開発の導入手順を転用している際に失敗の兆候が表れます。ツールを利用する場合は、そのツールに合った導入手順を適用することが必要になるのです。

それでは、ツール利用時のシステム導入はスクラッチ開発のものと比べてどのような違いがあるのでしょうか、特徴は何でしょうか、これから述べていきます。

●ツールの選定が命で、ツールの情報収集に最重点をおく

時折、**「主体性があれば、ツールはどんなものでもいい」という声を聞くこと**があるのですが、大間違いです。ツールを利用するシステム導入であれば、**どのツールを選ぶのかは最重要作業**なのです。プロ野球選手が「バットとグラブなら何だってていい」ということは絶対にありません。道具に依存する場合は、その選定は重要です。

4章で業者を選ぶ手段としてRFP（提案依頼書）を紹介しましたが、提案を依頼するだけでなく、RFI（Request for Information：情報提供依頼）によって業者の情報を収集する方法も普及しています。RFPが提案を依頼するためのものに対し、RFIは情報を収集するためのもので、**「浅く広く」がポイント**です。したがって、RFIに記載する質問項目は**「深すぎず、狭すぎず」を心がけ**、多くの業者にRFIを発行しても構いません。RFPとRFIの違いをまとめておきます。

RFIの発行先が多すぎる場合、RFI発行後の営業攻勢（業者からの問い合わせ）に苦労することを恐れ、情報収集を手控えることもありますが、予選と本選の違いというように割り切り、どのような製品があるのか、活用事例はどうか、価格の目

RFPとRFIの違い

RFP	比較項目	RFI
システム構築を発注するITベンダーを選定するため	目的	RFPを作成するための情報収集やRFPを発行するITベンダーの調査
先方が提案書を作る上での前提となるので記載が必要	体制・規模・スケジュール	こちらが聞きたい情報を依頼するので、書いてもよいが記載する必要はない
記載する必要はない	システム構築の予算	予算を明示するか否かはケースバイケース
先方が提案書を書くことに必要な記載が必要	記載レベル	記載レベルの制約なく知りたいことを率直に書けばよい
原則としてITベンダー	発行対象	ITベンダーだけでなく、業界団体、コンサルタントでもよい
3社から5社程度まで	発行先の数	数は問わない10社以上でもよい
客観的かつ公正に評価するため事前に設定しておくことが臨まれる	評価方法	事前に設定しなくてもよい

安はどうか、など多くの情報を入手しておく方が得策です。

●ツールの特徴（気づき）を採り入れる

スクラッチ開発の場合、要件定義と呼ばれる工程で、自社の現状と課題を踏まえて新システムで実現したい要件をまとめます。その要件に基づいて設計を行いプログラミングという開発行為に進んでいきます。

ツール利用のシステム導入でも、同様の手順を踏み、まずは自社のやりたいことを主体的に取り纏め、それを実現できるツールを探しにいくという手順もあるようです。こうした場合、**自社の要求を実現したいということに目が行き過ぎて、ツールの保有する機能や特徴を生かせない**というもったいないことが起こる可能性があります。これも**ハイブリッド型のシステム導入方法の大いなる欠点**です。

ツールを利用するのであれば、ツールの保有する良い機能、他社での取り組み事例、コンサルタントの知見など、**自社だけでは想定しにくい気づき**を多く採り入れることがツール利用のメリットです。そのため、情報収集のフェーズでは、自社の要求を満たすことを確認するだけでなく、ツールの持つ特徴を把握することが求められますが、意外とこのことは置き去りになり、**自社要求の充足度に終始してしまうことがあり、**

せっかくの活動を生かしきれていないと思っています。

●フィット・ギャップ（適合性）分析の進め方

ツールを利用するシステム導入の場合、フィット・ギャップ（適合性）分析を行います。これは、導入する企業のビジネスプランやシステム化要求などのニーズと、ツールの機能がどれだけ適合（フィット）し、どれだけ乖離（ギャップ）しているかを分析することです。適合したものはそのまま利用できますが、ギャップが生じたものについて、その対処法を講じていきます。

このフィット・ギャップということについては、**「何」と「何」を合わせるのか、そのどちらを「正」とするのか**が大事なのですが、この検討をせずに安易に実施してしまうことがあります。最も悪いのは、「現状や要求」を正として、それに対してツールのフィット度合を分析するものです。この場合には、せっかくツールを利用して新しいものを採り入れるチャンスがあるのに、この**チャンスを生かせないばかりか不適合になったものへの対処に終始**してしまいます。

このようなフィット・ギャップはよくないと、**本来の姿（To be）を描き、それに対して分析を行う**アプローチがあります。これは理論的には正しいのですが、現実は

「本来の姿」を描くことができず、コンサルタントに大枚を使ったとしても、結果として絵空事に終わってしまうことが多いものです。

現実論としての正しい進め方は、**「ツールの機能を正」**として自社の現状や要求が合わない場合にその対処法を考案することです。この際に多くあるのが、**「自社の現状の独自性」**です。自社では当たり前と思っていたことが世間と違う場合に、自社要求が特殊とするのか、ツールの機能に不備があるとするのか、ツールの機能を正として取り組むのであれば前者の判断としたいものです。

●要件定義に時間をかけ過ぎず、実機によるプロトタイプ（試作）を重視する

スクラッチ開発では要件定義は大事な工程であり、ここをおろそかにすると失敗しかねないので、要件を文書にまとめ、関係者と合意をとって後戻りしないよう次の工程へと進むものです。このこと自体には間違いないのですが、ツールを利用するシステム導入では、実機でプロトタイプ（試作品）を検証することができ、それによって現状業務の改善策を見出していくことができます。

一般に、プロトタイプとは、新技術や新製品などの問題点を洗い出すために製造されたプログラムや試作品のことを言い、新技術や新製品の量産前に、不具合や設計上

の問題点を発見し、具体的かつ最善な修正を検討することができるものです。プロトタイプによって、改善策を見出し、改良を繰り返すので、完成時のイメージをユーザーが予想しやすくなり、導入手順が加速しコスト削減にも貢献できるものです。

何より**「百聞は一見に如かず」**で、**机上で「ああだ、こうだ」と議論するより実機を交えて検証することによる利点**は数多くあるものです。

これまで、スクラッチ開発とツール利用のシステム導入の違い、特徴を述べてきました。ここで注意しておきたいことに、**スクラッチ開発の際に正論と認識していたことがツール利用の場合に悪になることがあることです。ツール（パッケージやクラウド）は利用するものであり改造するためのものではありません。**ここを履き違えている失敗例が数多く見受けられます。

寸鉄

ツール（パッケージやクラウド）は、利用するためのものである
スクラッチ開発の導入方法論は、ツール利用時には悪になることも！

計画段階で作成するものは？

世の中の人間に、計画通りに全ての物事を進められる人はいるでしょうか？　そんな人はいないと思います。そうだからといって、計画を立てないで自分の思い通りに生きていける人はあり得ないと思います。全てを計画通りに進めるのは無理としても、プロジェクトを成功させるためには、綿密な計画を立てることが重要なのは言うまでもありません。そして、**プロジェクトは一人で行うものではない**ので、関係者と共有するために計画を文書にし、その合意をとっておくことが望まれます。

プロジェクト計画書には、次のようなことを記載します。

プロジェクトの概要（背景、目的、ゴール）、スコープ（システム化対象範囲）、スケジュール、体制、成果物、コスト、品質マネジメント、コミュニケーション方法、課題管理方針、変更管理方針前提条件と制約条件、リスクと対策などです。

これらの内容の詳細を書けば、それだけで1冊の本にもなりますのでここでは割愛しますが、良いプロジェクト計画書とは、次の条件を満たすものと言えます。

●5W2Hがわかりやすく記載されていること

「理由や背景（why）」を元に、「何を（what）実現するか」の目的・目標と、それを「誰が（who）」「どこで（where）」「どのように（how）」「いつまでに（when）」の5W1Hがわかりやすく記載され、さらに「コスト（how much）」も書かれていること。

●必要な要素がわかりやすく網羅されていること

5W2Hは当然ですが、プロジェクトマネジメントの教科書等に照らし合わせ、必要な要素が網羅され、目次やタイトルに整合性がとれて全体がわかりやすいこと。

●30分程度で概要を説明できること

どんな組織でも、その組織の長は忙しく多くの時間を割いていただくことはできません。大規模なプロジェクトで、計画書が数百ページになったとしても、30分程度で概要を説明できるようコンパクトに要約をまとめることが求められます。

●関係者の主体性が湧くこと

プロジェクトの関係者の一人一人が、自分は何をやればいいのか、の主体性が湧いてくるように、役割や担当者名の記載があることです。誰かがやってくれるんでしょ、責任者のお手並み拝見、と他人事になってしまうようでは、良いプロジェクト計画書とは言えません。

　プロジェクトが進行していくと、必ず「**今の進捗状況はどうだ？**」と言われます。その時に「**ボチボチですわ！**」と大阪弁で答えるとどうなるでしょうか。それとも、**経験と勘を頼りに「順調」とか「遅れている」**と答えるのでしょうか。

　プロジェクトを成功に導くためには、作業が計画通りに進んでいるかを確認できる仕組みが必要です。この作業というのは多岐にわたるため、一覧化するのは難しいのです。そこで、**WBS（Work Breakdown Structure）**と呼ばれる、**作業（work）を詳細に区分（breakdown）して、階層構造（structure）化した図表**によってプロジェクトの作業関係を体系的に集約・把握する方法があります。

　ＷＢＳの作成は、プロジェクト計画の初期に行う作業で、プロジェクトで実施されなければならない全ての作業を洗い出して体系化します。

　そして、作業だけでなく、作業の延長として作成する**成果物を紐付け、作業の担当者、開始日、作業期間、終了予定日**を記載します。その後、その作業が予定通りに進んでいるかを見極めるために、予定と実績が対比されるように一覧化していきます。

年賀状を例にするWBS

作業内容	担当	開始	終了
年賀状の購入			
概算枚数の把握	全員	11月20日	11月30日
デザインの検討	母	12月1日	12月10日
購入	父	12月11日	12月15日
追加購入	父	12月25日	1月5日
宛先リスト			
昨年発送先の確認	母	11月20日	11月30日
喪中の確認	母	11月20日	11月30日
新規発送先の確認	全員	11月20日	11月30日
リストの修正	妹	12月1日	12月10日
年明到着リスト	母	1月1日	1月5日
デザイン			
デザインの検索・購入	姉	11月20日	11月30日
作成	姉	12月1日	12月10日
家族の合意	全員	12月11日	12月15日
印刷			
自力か業者の検討	兄	11月20日	11月30日
業者選び	兄	12月1日	12月10日
印刷	兄	12月11日	12月15日
手書メッセージ添え			
記入	全員	12月16日	12月20日
投函			
投函	妹	12月20日	12月25日
追加投函	妹	12月26日	1月5日

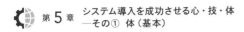

プロジェクトの計画作成時には、文章やスライドの計画書だけでなく、このWBSを合わせて作成し、後の進捗管理に役立てます。ところが、次のようなWBSの場合には、後の進捗管理を行おうにも曖昧になり、遅延していくのが常です。

●担当者欄に部門名や複数の氏名が記載されている

作業の主体者がはっきりしないと、前向きに誰かが先に作業をすることはない。

●作業期間が1週間以上

WBSのBのブレークダウンは、1週間程度の作業となるような詳細化が望まれます。作業期間が長いと順調に進捗しているように見え、期限が近づくと急に進捗状況の悪化が表面化します。

●成果物が紐つかない

作業の目的がはっきりしない、成果に結びつかない無駄な作業の可能性があります。

●予定工数が示されていない

作業者は、作業期間中にその作業だけを専任で行うわけではないので、開始日と終了予定日との所要日数が工数にはなりません。作業ごとの予定工数を示しておく必要があります。要するに、進捗が遅れた場合に、「○○日相当」の遅れ、とはっきりと明示できないようでは意味がありません。

ＷＢＳはなぜ必要か、ＷＢＳの目的は何か、と言えば、作業を細分化して担当と期限を示して、進捗状況がわかるようにすることです。これだけでなく、ＷＢＳを作ることによって、作業の前後関係をわかるようになるというねらいもあります。

作業の中には、**「別の作業が終わらないとその作業を始めることができない」**といった前後関係をもつものがあります。この関係をわかるようにするためには、図表化する必要があり、前後関係を明確化することにより、それぞれの作業がプロジェクト全体に与える影響を把握することができるのです。

ＷＢＳがないプロジェクトでは、**ひとつの作業が遅れただけでプロジェクト全体に致命的な影響を与えることがわからなくなる場合**があるものです。

寸鉄

プロジェクトの計画作成時に、作業を漏れなく洗い出せるか
その作業工数を見積り、担当者を決められるか、これが出来なければ論外

ゴール開始時に決められず、要件も変わっていく……

プロジェクトを開始する際、計画書を作る際、そこにはゴールを決めることが必要と言われます。その**ゴールは必ず計画時に定められるものなのでしょうか？** また、手戻りが起こると無駄になることから、要件の確定を試みるものですが、**システム導入の作業中に要件が変わることは起こり得ないのでしょうか？ これらを嫌がって、課題が解決されず、**数年も放置されていることがあるようです。

財務会計システムのように、法令や会計基準などによってゴールや要件を決めやすい業務がある一方、生活者や消費者のニーズを予測するマーケティングや販売管理システムのようにビジネス要件が変わってしまうものもあります。

昨今の企業を取り巻く環境は厳しさを増し、突発的な**変動（Volatility）が多く、不確実（Uncertainty）で、複雑（Complexity）かつ曖昧（Ambiguity）なVUCA**の時代に突入しています。ビジネス要件を固めようと、詳細な市場調査を行い、マーケットを入念にシミュレーションしたとしても、想定を超える事態が次々と発生してきます。また、技術革新による製品ライフサイクルの短縮化や情報技術の発展による消費者行動の変化等の市場環境の大きな変化もあります。特に、ＩｏＴ（Internet of Things）、ビッグデータ、ＡＩ（人工知能）、ＲＰＡ（ロボティックス・プロセス・オートメーション）などという第4次産業革命と称される産業構造の急激な変化があります。

このような変化する社会においては、システム導入におけるビジネス要件は変化するのが当たり前と考える必要があります。つまり、ウォーターフォール型の手戻りをしない開発方法論を適用することが仇となってしまうのです。

従来は、手戻りをさせないウォーターフォール型開発が主流でした。このウォーターフォール型の開発では、大規模プロジェクトになると2年や3年もの開発期間を要するものが多くありました。ところが、ＶＵＣＡの時代に突入した現在では、このように開発期間を長く設定した場合、開発中にビジネス環境が変化し、要件定義や設計作業の成果物が、本稼働時期には通用しなくなってしまうことになりかねません。

ＶＵＣＡの現代では、要件が変わるどころか、**プロジェクト開始時にゴール自体を決められないこと**も増えてきています。ゴールを決めないままで、ウォーターフォール型で開発を計画を策定しようとすると、あちこちでつじつまが合わなくなり、本稼働時期には、開始時の構想が時代に合わなくなる可能性があります。

　そこで、ビジネス環境が変化する可能性が高い業務のシステム化や、短期間でシステム導入の効果を享受したい場合には、**適応型開発と呼ばれるアジャイル開発手法**を採用することが多くなってきています。

マーケットの状況を無視してプロダクトアウト的な発想

　アジャイル開発手法の最大の特徴は、**要件が変わることを前提に開発する手法で、いわば、作りながら考えるやり方**です。まず、顧客に価値を提供できる**最小限の製品（MVP：Minimum Viable Product）**を作成し、一部のユーザーに試してもらって、意見をもらって、改善してゆくという手法です。この方法をうまく活用すると、開発期間の短縮やニーズを的確に反映させることができるメリットがあります。

　アジャイル開発は、２００１年に軽量のソフトウェア開発を提唱していた17名の技術者やプログラマーが、開発手法の重要な部分について統合することを議論して米国ユタ州で生まれました。そこでまとめられたのが**「アジャイルソフトウェア開発宣言」**です。アジャイルソフトウェア開発宣言では12の原則が定義されており、アジャ

アジャイルソフトウェア開発宣言

私たちは、ソフトウェア開発の実践あるいは実践を手助けをする活動を通じて、よりよい開発方法を見つけだそうとしている。この活動を通して、私たちは以下の価値に至った。

プロセスやツールよりも
個人と対話を

包括的なドキュメントよりも
動くソフトウェアを

契約交渉よりも
顧客との協調を

計画に従うことよりも
変化への対応を

出典：https://agilemanifesto.org/iso/ja/manifesto.html

イル開発の公式文書となっています。

また、システムの開発だけでなく、新製品開発や新規ビジネスの創出などにおいても、この考え方を適用することができ、複数の企業や大学などの研究機関、NPOや政府・行政とも連携して、イノベーションを創出する〝Open Innovation〟の考え方と、アジャイルとの組み合わせによる〝協創〟によって新規ビジネスを創出するケースも出始めています。

ビジネスの世界では、システム導入におけるアジャイルのように、「仮説の構築、製品の実装、および軌道修正、という過程を迅速に繰り返すことによって、無駄な無価値な要素を最小限に抑えつつ素早く改良を続け、成功に近づく」というリーンスタートアップというビジネス開発手法も普及してきています。

寸鉄

VUCAの時代には、手戻りが起こるのは当たり前
手戻りを恐れるのではなく、早く完成させて、改良を試みていくべし！

プロジェクトを成功させるノウハウ

近年、プロジェクトの成功率が高まってきています。その背景には「PMBOK」などのプロジェクトマネジメントのノウハウが体系化されたり、PMP（プロジェクトマネジメント・プロフェッショナル）というアメリカに本部をおくプロジェクトマネジメント協会（PMI）が認定する資格を持つ人が増えていることがあります。

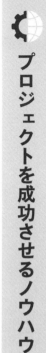

このPMBOKというのは、Project Management Body of Knowledge の頭字語を集めてピンボックと言われるもので、PMIが発行するプロジェクト管理（Project Management）に関する知識のかたまり（Body of Knowledge）で、建設、製造、ソフトウェア開発などを含む幅広く適用できるプロジェクトマネジメントのガイドです。

PMBOKは、プロジェクトマネジメントに必要なプロセスを「5つのプロセス」（立ち上げ、計画、実行、監視・管理、終結）と「10の知識エリア」（総合管理、スコープ管理、スケジュール管理、コスト管理、品質管理、組織管理、コミュニケーション管理、リスク管理、調達管理、ステークホルダー管理）に分けて記載されていて、各プロセスは3つのパート（①入力、②ツールと実践、③出力）で説明されています。

このパートでは、「何を元（入力）にして、どんなツールを使って・どんな風（ツールと実践）に、何を作成する（出力）か」という内容が定義されています。

ＰＭＢＯＫのような体系化されたものがないと、プロジェクトマネジメントは統一されず、人によって異なる手法を提唱するため、属人化によってプロジェクトの構成員が混乱したり、成功に必要なことが抜け落ちたりしてしまいます。

ただし、プロジェクト活動の中心は「人」であり、**「人と人」の調和でプロジェクト運営が成り立っています。「人」は論理的なことで動くのでなく、感情的に動く動物**です。ＰＭＢＯＫに成功させるための知識が備わっていても、その通りに**動かない（動けない）のが人の常**ですし、**ＰＭＢＯＫの「知識」を使いこなす「スキル」が必要**になります。ここで、「知識」と「スキル」の違いを再確認しておきたいと思います。

『広辞苑』では、「知識」のことを「ある事項についてしっていること。また、その内容」としていて、それに対して「スキル」は「熟練した技術。手練。」とし、「スキルアップ」は、「技能を向上させること。腕前を挙げること。」としていますので、**知識を元に、仕事を効率的に行う能力のことをスキル**ということができます。

プロジェクトは、毎日、未知と不確実な道を歩くようなものです。左と右どちらを歩こうか、どこが近道であそこが行き止まり、そのような標識はどこにもありません。標識の代わりにプロジェクトマネージャーの判断があるのみです。机に分厚いＰＭＢＯＫがあるだけでは、正しい判断はできません。課題を解決していくためには次のようなスキルが必要になるものです。

論理化力（論理の道筋や思考の法則を構築する能力）
実行力（信念を持って行動する能力）
認識力（物事を正確に見定めてその意味を理解する能力）
判断力（思考や行動を決定する前に、断片情報から判断する能力）
決断力（状況や影響を見定めながらきっぱりと決める能力）
誠実性（偏った利害に左右されることなく中立的に成功へと導く力）

寸鉄

ＰＭＢＯＫはプロジェクトマネジメントの知識体系
知識の習得だけでなく、知識を使いこなすスキルを具備すべし！

システム導入に失敗しない

プロマネの心・技・体

―持続可能な成長のための気づき―

第6章

システム導入を成功させる心・技・体—その②技（マネジメントスキル）

プロジェクトは順風満帆に進むことは少なく、むしろ、前に進むことを妨げることが多いものです。

この前に進むことを妨げることを**「リスク」**と称することができます。リスクの発生を事前に想定し、対策を講じることが望まれます。よくプロジェクト管理が重要と言われますが、プロジェクト管理はリスク管理のことと言っても過言ではありません。

2009年、ニューヨーク郊外で**「ハドソン川の奇跡」**と言われる飛行機がバードストライクによる両エンジン停止という非常事態に乗客乗員全員が避難できた出来事がありました。その救出劇の模様は映画にもなり、まさに、機長の判断の賜物でした。

その機長の判断は、その場の思いつきや運・不運のものでしょうか。おそらく**長年の経験や、培われた判断力の集大成**であったのかと思います。そのような技は一朝一夕で身に付くものではないでしょうが、身に付ける努力はしていくべきです。

この章では、突然の変化や驚くような課題が生じたとしても、成功へと導いていくための秘訣をご紹介します。

プロジェクトは失敗していくのが当たり前

周りに**「晴れ男、晴れ女」**という方はいらっしゃいますか？　それって本当にあるの？　との疑問が多いにあるのですが、必ず、**「私が晴れ男、晴れ女だ」**と言われる方がいらっしゃるかと思います。晴れ男／晴れ女の根拠は何もないと思うのですが、私がそう！　という方がいると思うので、このことには言及しません。

プロジェクトにおいて、優勝請負人のように「自分がいるとプロジェクトは成功するはず」と言う方はいらっしゃいますでしょうか。もし、そういう方がいるとしたらその方は自意識過剰だと言わざるを得ません。なぜなら、プロジェクトは各部署から特命的に要員を集めただけのもので、それだけで成功するという保証は何もなく、むしろ、**プロジェクトは失敗する可能性の方が高いもの**だからです。

なぜプロジェクトは失敗する可能性が高いのでしょうか。プロジェクトは定常業務と違い、これまで経験したことのないことを実行するので、成功するための計画を作ること自体が大変です。そして、その計画通りに物事が進まないからです。つまり、**「リスク」**という**「目的に対する不確かな影響」**（リスクマネジメントの国際規格、I

リスクの例と対策

リスクの例	対策
現行システムに関する文書がなく現状を把握しづらくなる	現場部門とのヒアリングを多く設定する
業務多忙で現場部門を巻き込めない	現場部門の上層部にプロジェクトリーダーになってもらう
プロジェクトメンバーのモチベーションが上がらない	プロジェクトの重要性を会社全体に周知する工夫を
メンバー間のコミュニケーションが悪くなる	定期的に懇親会を行う
要件定義で抜け・漏れが発生する	要件定義の終了確認を二重三重に行う
テスト期間がタイトで期間内に終了できない可能性がある	テスト要員を外注する
インフルエンザによって作業が止まる	予防接種を受けることを必須とする。体調を崩す遅くまでの残業をご法度とする

ＳＯ３１０００（リスクマネジメント）での定義）が立ちはだかるのです。

システム導入において、内在するリスク、それらの顕在化によって起こる弊害、リスクへの対策例を挙げてみます。

プロジェクトで一番大きなリスクは、「そういうことはないと思い込むこと」そして、そのリスクを「あり得ない」として、最初から排除してしまうことです。以前、**「想定の範囲内です」との流行語**でマスコミを賑わした方がいらっしゃいましたが、その後、その方はマスコミに登場することは少なくなりました。それも想定の範囲内だったのでしょうか。災害の中でも想定外として対策をせず人災だと主張している事案が多くあります。「リスクを想定していなかった」ことと「想定したが起きないと判断した」こととは本質的に違うものなのです。

リスク管理を中心者のＫＫＤ（勘、経験、度胸）だけに任せ、その中心者のいい加減さによりリスクが埋没して対策を怠り、挙句には失敗してしまうということがあります。プロジェクトは、最初から最後までリスクとの戦いであることを覚悟し、些細なことでもリスクを感じたときは、とにかく取り上げる、五感を研ぎ澄ましてリスクを見つけていく感性が求められます。

リスク管理は、まだ問題とはなっていないが将来問題になる可能性がある事項について管理するもので、すでに問題が発生している課題管理、問題管理とは性格が異なります。インフルエンザへの対応を例に考えてみましょう。それは**「予防はリスク管理」、「発症してしまったら問題管理」**です。

インフルエンザにならないための予防法には、うがい・手洗いの励行、予防接種、マスクの着用、人混みを避ける、などがあり、こういう手段を講じればインフルエンザにならない可能性が高まりますが、100％の予防法はありません。100％でないので予防をしない人もいます。一方、**結果オーライというか、何もしないのにインフルエンザにならない人**もいます。そうなると、リスク管理がおろそかになります。

一方、インフルエンザを発症してしまったら、どうしよう？　と悩んでる暇はありません。すぐに医者に診てもらい、薬の投与と隔離が絶対要件です。予防を行うリスク管理とは対処法が全く異なります。しかし、問題が発生しているのに対処せずに放置している、対処法が適切でない例が多くあるようです。

リスク管理が大切だと、プロジェクト発足時にリスクを洗い出して、そのリスクへの対応を行う例は多くあります。しかし、時間が経つにつれ、プロジェクトの状況が変化しているのに、当初挙げたリスクやその対応の見直しまで出来ているかということも大切になってきます。

リスク管理自体を否定する人はいません。しかし、リスク管理がおろそかになっていることは多くあります。それはなぜでしょうか。自身の中にリスクの発生原因がないと決めつけているのではないでしょうか。その場合には責任を問われることはないかもしれません。リスクの発生原因には、対外的なこと、予期せぬこと、管理不能と思えることがあります。しかし、何らかの原因によってプロジェクトが失敗していくとの結果は変わりません。「晴れ男、晴れ女」のように**「あなたがプロジェクトマネージャーだと失敗はしませんね」**と言わしめてみたいものです。

寸鉄

「絶対に大丈夫」は死語としてこの世から葬り去ろう！
「備えあれば憂いなし」（有備無患）は、古くても最新の言葉

プロジェクトには誰がどのように関われば良いのか？

プロジェクトの成功にはヒトが大事といっても、誰がどのように関われば良いのでしょうか。一般的にプロジェクト体制図によって、役割と名前が示されますが、代表的な役割と留意点を説明します。

●プロジェクトオーナー

プロジェクトの最高責任者です。プロジェクトに対する投資の権限を持っており、利用部門の役員クラスの高役職者が就任します。

●プロジェクトマネージャー（プロマネ）

プロジェクトオーナーは、毎日のようにプロジェクトに常駐することはありません。そこで、オーナーから最大級の権限移譲を受け、日常的なプロジェクト運営を司るリーダーが必要になります。そのリーダーのことをプロジェクトマネージャー、プロマネと言います。

●プロジェクト事務局

プロジェクトマネージャーを補佐し、庶務的なことまで全ての役割を担います。この事務局をＰＭＯ（プロジェクトマネジメントオフィス）と言うこともあります。

●プロジェクトメンバー

要件定義や開発などのプロジェクトの主担当の役割を担う最重要な人達です。

●ステークホルダー（関係者）

プロジェクトに関係する全ての人がステークホルダーですが、システム化の対象となる業務部門からの代表者が特に重要です。あの人にも声をかけておこう、この人に言っておかないと後でへそを曲げられてしまう、と大人数の体制になることがありますが、それは望ましい姿ではありません。そのような場合には、作業の主体者と報告を受ける人とのメリハリをつけ、**関係者は少人数にすること**が望ましいです。

何より、この担当を担う人は、**判断ができる人、決められる人、であること**が求められます。プロジェクト内で決められず、所属部門に帰って判断を仰ぐというプロセスが必要であれば迅速性を阻害します。

●インフラ担当（技術者）

利用部門が主体性を発揮するといっても、ハードウェアやネットワークといったインフラに関することの専門領域までを守備範囲とすることは難しいものです。インフラに関することがボトルネックになることもあり得ますので、早い段階からインフラ担当を設けておきましょう。

●調整役・旗振り役

利用者の意見を聞きすぎてしまうと失敗要因になりますし、意見を無視することもできません。また、プロジェクトは何か新しいことをすることなので、そのことの旗振り役が必要になります。通常、この**役目を果たす人はプロマネ**です。

●若手と女性

プロジェクトのメンバーは、**いつもの顔ぶれでなく、若手と女性を入れておくべき**です。いつもの顔ぶれの皆さんが集まって、何か新しいことを成し遂げられそうな気配にはなりません。新しい発想のできる人を加えておくべきですし、若手が入っておくことにより次代の中枢メンバーにもなっていきます。

●チームの体制をまとめるための方法

体制が整えば、**プロジェクトに愛称をつけること**を検討しましょう。「新販売管理システム構築プロジェクト」のように、対象となる業務に〝新〟をつけるだけの呼び名がありますが、何か愛称をつけておけば、社内からの認知度も高まります。

プロジェクトメンバーは、とにかく**良いチーム、良き仲間であること**が求められます。そのためにレクレーションを行うことも有用ですし、課題が多い場合には合宿を行って寝食を共にすることもあって良いと思います。しかし、単なる「仲良しクラブ」では意味がありません。プロジェクト終了の10年後、20年後に同窓会でも開けるような関係が望ましいものですが、そこまで長く続くのは、苦楽を共にしたような場合であって、苦労を乗り越えたからこそ回想を称え合えるのです。

●One for all, All for one

ラグビーの言葉で、「One for all, All for one」というのがありますが、「一人は皆のために、皆は一人のために」との意味と思われがちですが、本来の意味は、**「一人は皆のために、皆は一つの目的のために」**ということのようです。この目的とは「成功」で、成功のための要因には次のことがあります。

- **プロジェクトオーナーがブレのない強固な意志を持っていること**
- **大事な局面で、プロジェクトオーナーとプロマネがよく話し合うこと**
- **少人数で意思決定を行っていること**
- **プロマネが独断で決めないこと**

● メンバーのスキルが役割に合い、仕事量に応じた人数になっていること

●外部の業者を有効に活用すること

システムの業界は慢性的に人不足になっていますし、日進月歩の新技術を習得していく必要もあります。その背景もあって、システム導入プロジェクトは自社要員だけでなく、コンサルタントや協力会社のメンバーと一緒にプロジェクトを編成することが多いものです。**外部の業者といっても大切な「パートナー」**です。下請け・上下という関係ではなく、**対等の立場で、相手を尊重していくこと**が求められます。

●メンバー交代も適宜行うこと

プロジェクトメンバーは一度決めたら最後まで固定しようとしがちですが、スポーツでも**選手交代は大事な判断ですし、それを見誤って失敗してしまうこと**もあります。必要な変更は勇気をもって行いましょう。

寸鉄

3人の兼任者よりも1人の専任者が望ましい
役割の重複を避ける少数精鋭の体制と外部業者との円滑な協力が決め手！

何があっても信念を貫き、当初計画を実行していきますか？

一度決めた信念があれば、何があろうともそれを貫くことは大事なことと言われています。一方、環境や状況が変われば、それに対応していくことも必要です。変えないことと変えること、どちらが正しく、どちらが優先されるべきものなのでしょうか。

そもそも**環境変化に耐えられないような信念は、貫くほどの価値または意味の無い信念**と言えます。その場合、その信念を貫くことは正しくなく、その信念こそ変えるべきではないかと思います。一方で、環境変化に対応して変化したように見えても、信念の根っこは揺らいでいないということも有り得るものです。

プロジェクトの計画段階で、作業を正確に見積もることは難しく、計画通りに実行できるものではないので、必要な計画変更が許容されるべきです。しかし、無秩序に計画変更を認めて良いものでもありません。ではどっちなんだ？　ということに関して、「計画（最初の）段階で、このような状況になれば計画を変更する」という**変更管理の基準を予め設けておく**ことを提言しておきます。

計画通りに物事が進んでないと判明したとき、その先の計画を変えることは**柔軟な**

対応と言えるでしょうか？　それは場当たり的な対応と言うほうがふさわしいと思います。**場当たり的にならないためには、「このようなことが起こったら計画を変更していこう」ということを予め、計画段階に作っておくことが必要**なのです。

何か問題が起こると、**責任ある立場の人はその問題をリカバリしようと躍起になって、冷静な判断ができなくなります。**そのためにも、問題が起こったときを想定し、その対処法を冷静な時にまとめておくのは大事なことです。

とあるシステム導入の事例を紹介します。それはシステムテストの局面で、長くテストを実施していっても70点程度にしかならなかったことがあります。その報告を役員会でされた際、役員の方から「それは本来的には１００点満点、悪くても90点以上じゃないと話にならないものですね、**やることやってなくて40～50点なら救いはあるけれど、多くの時間をかけて70点というのは危険水域だな**」と言うのです。

この役員会に同席した際、生涯忘れ得ぬ勉強をさせていただきました。普通は40～50点と70点を比較すると70点の方が良いのですが、**一定の時間をかけても70点より進歩しないのは何か根本的な問題がある**のです。事実、そのプロジェクトでは70点を１００点にしようと試みますが、**「もう少しなんだから、同じ体制と同じ方法で頑張**

ろう！」とスタンスを変えなかったため、さらに数か月かけても１００点にはなりませんでした。この場合、「70点程度の状況であればこうしよう」「60点未満なら」「40点未満なら」と、状況に応じた変更方法を予め策定しておき、それに基づいた変更を実行していくことが望まれます。

変更後の施策を予め策定するのは難しくても、**どのような時に変更を行うのか、その変更の方法はどうするのか、ということを盛り込んだ、変更管理の手順を規定しておくこと**は重要です。人によっては、悪くなることを想定することは不謹慎ではないか、と言う人がいるかもしれませんが、そうではなく、**何があっても絶対に成功させるんだ！　との思いから変更管理の仕組みを準備**するのです。

変更管理という仕組みを作ることには、際限なく変更を受け入れることを予防するねらいがあります。仕組みを準備することによって変更が増えると思われがちですが、プロジェクトが進行していくと、様々な人がいろんな提案や考えを伝えてくるものです。そこで、何らかの仕組みがないと、全ての要望を聞き入れねばならないことも起こり得ます。そこで、**変更管理の仕組みを作っておくことにより、不必要な変更を排除することができる**との効果もあるのです。

変更管理の手順

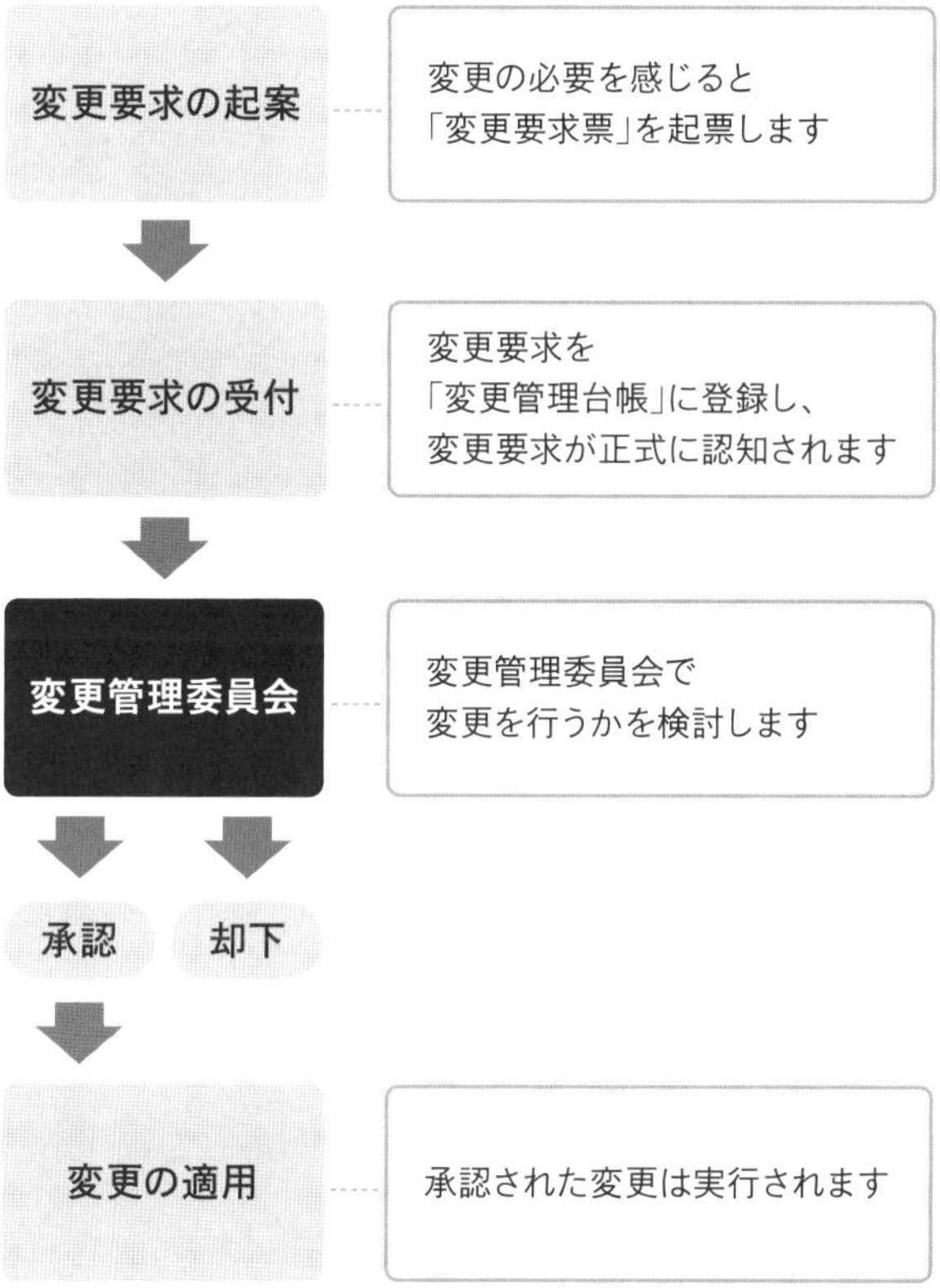
変更要求の起案
変更の必要を感じると「変更要求票」を起票します
変更要求の受付
変更要求を「変更管理台帳」に登録し、変更要求が正式に認知されます
変更管理委員会
変更管理委員会で変更を行うかを検討します
承認
却下
変更の適用
承認された変更は実行されます

変更することで多いのは、スコープ（成果物や仕様、プロジェクトの対象）の変更、コスト（追加支出の要請）の変更、スケジュール（本番稼働の延期）の変更です。これらは、**変更案の内容を作るより、なぜその変更が必要になったのか、どのような環境変化があったのか、等を丁寧に説明し、変更内容の合意をとっていく方が重要**で、そちらの方が難しいとされています。また、そこで当初計画を作った人の責任を追及したとしても得られる価値は少ないものです。

変更案は、変更による影響をステークホルダーに説明し、後に言った／言わないで揉めないよう、変更の合意を文書に残し、それによる成果物への反映を適宜行っておくことが求められます。

寸鉄

決めたことを変えられずに後で後悔するよりも
時には、潔く、勇敢に、決定変更を行うべし！

解決すべき課題がいつのまにか増殖してしまう

人でも車でも、傷を放置してしまうとそこから傷口が広がり、場合によっては大変なことになってしまいます。プロジェクトにおいても、傷、すなわち、何らかの問題（課題）があれば放置は禁物。早い段階で問題を解決しなければなりません。

先にも述べたように、リスク管理はまだ起きていない事に関する対処法であることに対して、**問題（課題）管理は、すでに顕在化してしまったことに関する対処**です。すでに傷になっているので、費用対効果とか言っている暇はありません。すぐにでも手当をする必要があります。

問題管理と課題管理は厳密には異なりますが、ここでは課題管理と統一するとして、課題管理は、次のことにすぐに答えられるようになっていることが必要です。

- どんな課題が発生しているのか、それらを一覧化しているのか?
- それらの課題はどういう状況なのか?
- 課題解決に関して、誰がボールを握っている（担当している）のか?
- 課題の解決期限はいつなのか

●課題が発生していることに伴う影響範囲は？

●課題を解決するための対策は講じられているか

こうしたことをみると、課題管理は「課題があれば解決するのみ、何でわざわざ管理をするの？」と思う方もいらっしゃるかもしれません。自分ですぐに解決できる小さな課題だけなら管理をする必要はないかもしれません。しかし、現実に発生する課題は一人で解決できるものばかりではありませんし、また、すぐに解決できるものばかりでもありません。その結果、管理をしないとどんどん課題が膨れ上がる、すなわち、傷口が広がってしまうことになりかねないのです。

それでは、課題を「管理」するとはどういうことでしょうか？　次のように実行していくことです。

●課題を発見する

さまざまな状況の中から、課題、つまり、傷を見つけ出します。

●課題を共有する

課題は一人で解決できるものばかりではないので、関係者の間で「この事象が課題である」という共通認識を持つ必要があります。つまり、課題の「見える化」を行います。わかりやすく言うと、課題を一覧にして皆で一緒に見るイメージです。

●課題を合意し、優先順位付けを行う

課題の内容と優先順位について認識を合わせます。そして、その課題はすぐに処置をしないといけないのかをまとめます。プロジェクトが進捗していくと多くの課題が発生します。課題が多くなるので、全ての課題をすぐに解決することができなくなります。また、課題の中には、十二分に解決方法を検討することが求められるものもあります。そのため、課題の内容に応じて優先順位をつけて合意していきます。

●課題解決の担当者と期限を決める

課題を解決していくための担当者と期限を決めます。皆で共有した課題一覧に、「解決策」「担当」「期限」の欄を追記していくイメージです。

●課題の状態把握

課題が完了するまで、経過と結果を記録します。期限を過ぎても完了していない課題があれば、担当者にその状況を聞き、なぜ解決できない状況であるかを把握します。期限を過ぎても課題が解決されないのは、それなりの理由があるはずです。**担当者の怠慢と押し付けるだけでなく、その理由を解きほぐすこと**が必要です。

課題管理のプロセス

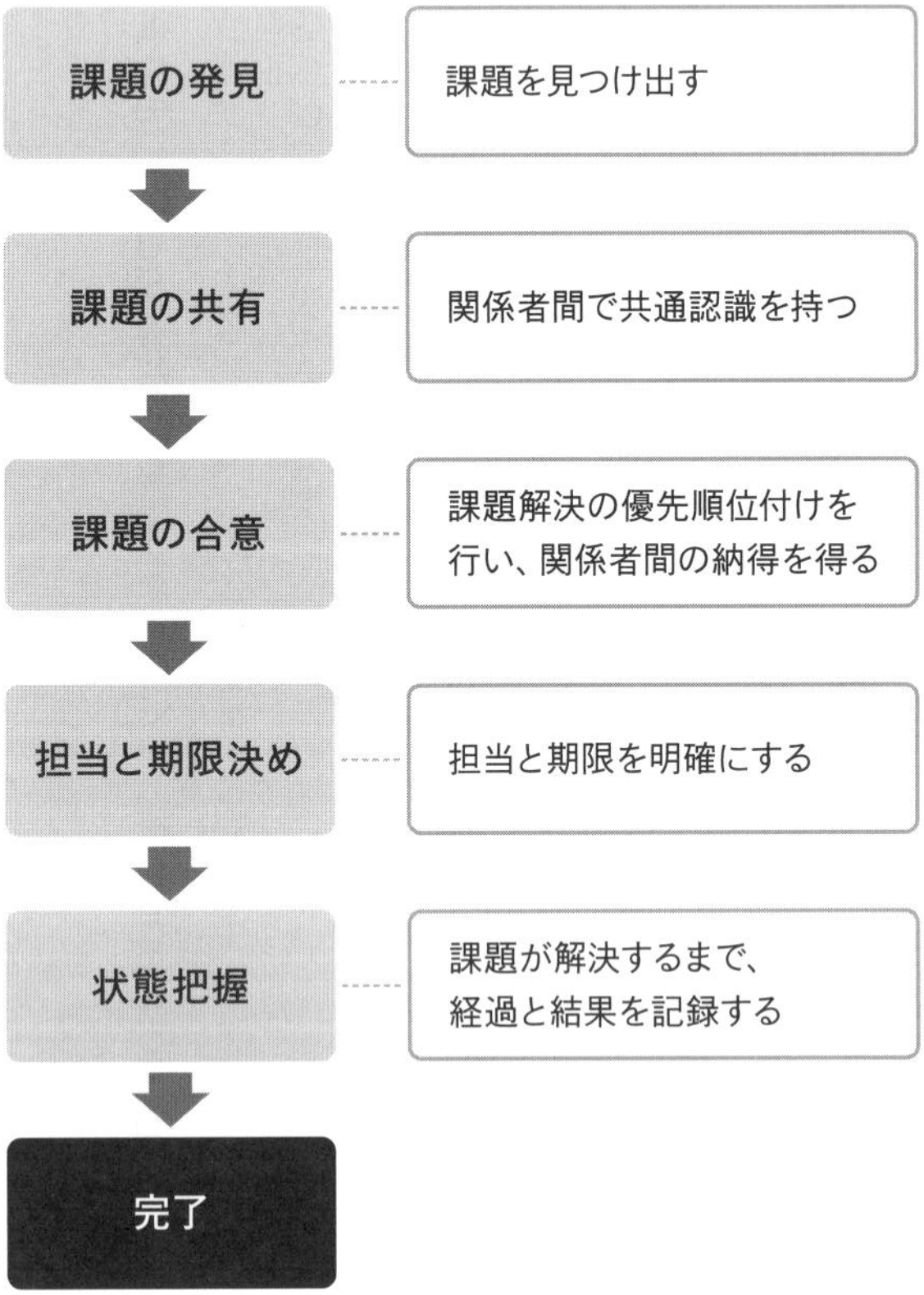
課題の発見
課題を見つけ出す
課題の共有
関係者間で共通認識を持つ
課題の合意
課題解決の優先順位付けを行い、関係者間の納得を得る
担当と期限決め
担当と期限を明確にする
状態把握
課題が解決するまで、経過と結果を記録する
完了

以上が、課題管理のプロセスです。うまくいくプロジェクトは、リスク管理と課題管理ができています。プロジェクトを成功に導くためには、課題が放置されていない状況を実現することです。課題管理は表計算ソフトで実施されることが多いですが、プロジェクトの規模が大きくなり、関係者数や課題の発生が増えてくれば課題管理用のツールを活用することも有用です。ツールにより期限後の解決されない課題をアラートや、インターネットを通じてどこでもアクセスできるメリットもあります。ともかくも、**傷があるなら広がらないうちに処置を講じること**です。そのためにも課題になりそうなことがあれば、躊躇なく課題管理として報告し、解決策や期限を関係者と共有しましょう。

寸鉄

課題管理とは、課題の発見から解決までをコントロールすることである
ともかくも「早期発見、早期治療」を心がけよう！

システム導入の過程で、最も多くの時間を費やすもの

システム導入の過程で、最も多くの時間を費やすものというと何を連想されますか？　それは、要件定義ということでもなく、プログラミングでもなく、テストやユーザー教育ということでもありません。**「会議」**です。この「会議」は、進捗会議、課題会議、定例会、打ち合わせ、様々な会議があります。最近、会社内の会議室が少なくなってきているのか、多くの会社で会議室の予約を取りづらい状況に遭遇します。働き方改革と標榜されていますが、まずは、会議の改革が必要かと思います。

多くの会社で会議の改革を実践しようとしています。会議が長いことを好む人は誰もいないし、必要な会議しか招集していないと思いますので、これから会議を改革しよう！　としても会議時間が激減することはないでしょう。これは、体重が3割も5割も変わることがないのと同様です。システム導入の過程で行われる会議を示しますが、これらは会社によって大きく変わることはありません。

それでは何を変えないといけないのでしょうか。それは会議への意識、会議自体の進め方、会議前と会議の後です。

●会議への意識

報告や情報共有は資料、メール、グループウェアの掲示板などで確認できるもので、配布資料を読み上げるだけという無駄な時間を排し、会議は議論する場であることを銘記しましょう。そして、その議論は文句、不平・不満を言うためのものでもありません。したがって、**「できない、やれない」と言うのではなく「できる、やる」ために何をすべきかを議論する場であること**を意識しましょう。

●会議自体の進め方

会議の冒頭に目的、アジェンダ（議事）、スケジュール（時間）を確認し、時間内に終えられるようにします。これらのことは事前に配信しておき、冒頭に数分かけるような愚かなことはしない方が賢明です。紙の資料配布は、環境やコスト面に悪いだけでなく、参加者が下を向いてしまうということを招き、議論を削いでしまいますので、プロジェクターやホワイトボードを多く活用し、上を向いた議論ができる環境を整えることが必要ですし、1時間を超える議論は集中がもたなくなるので、適度に休憩を入れる余裕も必要です。よく時間がないから休憩なしに進めることがありますが、百害あって一利なしではないかと思います。

システム導入における会議体

会議名	目的	参加者	頻度
キックオフ	プロジェクト開始時に 関係者の意識合わせ、 動機付けを行う	全員	開始時
進捗会議	進捗状況や課題の 発生・完了状況を 定期的に確認する	プロジェクト 運営者	週次／ 月次
チーム内 検討会議	チーム内で議論が 必要な場合に開催する	各チーム	随時
フェーズ 終了会議	フェーズ終了時に、 終了要件を満たしているかを 確認するとともに次フェーズの キックオフの役割を担う	プロジェクト 運営者	フェーズ 終了時
本稼働 判定会議	本稼働要件を満たして いるかを確認する	全員	本稼働前

会議体とは「同じ目的で複数回設定される会議の集合体のこと」

確認や修正があれば、会議の場で行うようにし後回しにしないようにします。後回しにすると、またそれを確認する会議が必要になってしまいます。その場でするのが難しいようなことは、代案をいくつか準備しておくなどの工夫を施します。

●会議前と会議後

資料は事前に配信しておきます。これは鉄則と言ってよいです。事前に配信することは出席者に準備を促すためですが、中心者が事前配信すらできない状況は、ファシリテーション（会議の場で発言や参加を促したり、話の流れを整理して参加者の認識の一致を確認し、合意形成や相互理解によって、組織や参加者の活性化、協働を促進させる能力）が不足していると言え、それを測る尺度にもなります。

議事録は必ず作成し、会議の始まる前に議事録作成者を決めておきます。議事録は会議終了後速やか（翌日まで）に関係者に回覧し、その内容を確認します。

日本的な特徴として「根回し」ということがありますが、議論が白熱しそうなもの、理解をするのに時間がかかるもの、などは、キーマンに事前に説明の場を設けておくというような工夫も有用です。1～2時間の会議であったとしても、参加者全員の参加時間を計算すれば結構な時間になってしまいます。

会議の悪い例

- ☑ 議題が予め周知されていない
- ☑ 事前に資料が配られない
- ☑ 開始時刻前に全員が揃わない
- ☑ 参加者が寝ている
- ☑ 会議の目的が明確でない
- ☑ 特定の人が長く話をする
- ☑ 資料を読み上げているような報告が多い
- ☑ 参加者が別の作業をしている
- ☑ 人の意見に対して批判的に指摘する
- ☑ リーダーの段取り、仕切りが悪い
- ☑ リーダーのコントロールが強すぎる
- ☑ 結論が出ない、決まらない
- ☑ 議事録がない。あっても、よくわからない
- ☑ 決定事項、先送事項が明確にならない

これまで、会議の留意点、進め方などについて述べてきましたが、進捗会議の前に胃が痛くなるような、個人が吊るしあげられるような会議は絶対にやめておきたいものです。他にも、居眠りをしている人が多い、内職（ノートパソコンやスマホを持ち込んで、メールのやり取りや他の仕事をする）をしている人や私語が多い、ノルマ会議など悪い例がありますので、一覧にしておきました。

会議はひとえに**中心者の一念（ひたすら心に深く思い込む）で決まります。**そして、会議の雰囲気だけで成否の予測もできるものです。多くの会議がありますが、最後は「成功の報告会」で締めくくりたいものです。

寸鉄

働き方改革で必要なのは会議の改革
報告の会議は不要。「できる、やる」ための会議にすることへの改革を！

プロジェクトが失敗してしまう原因で多いもの

あのプロジェクトはコミュニケーションが悪いね、コミュニケーションが悪いとプロジェクトが失敗するね、との声をよく聞きます。プロジェクトが失敗してしまう多くの原因に**「コミュニケーションが悪い」**と言われます。それでは、コミュニケーションが悪いというのはどのようなことを言うのでしょうか。このことは抽象的ですので、具体的に掘り下げてみようと思います。

コミュニケーション（communication）とは、通信、交流で、社会生活を営む人間の間で行われる知覚・感情・思考の伝達と言えます。**良いコミュニケーションは、自分がどのように考え、感じているかが相手に対して率直に伝わり、逆に、相手の考えや、感じていることもわかり合える、**というお互いの考えていることや感じていることが双方向になっていることです。

悪いコミュニケーションは、こうなっていないこと、すなわち、自分の考えていることや感じていることを相手と率直に共有しなかったり、相手の言いたいことに耳を傾けようとしないことがあります。そうなってしまうのは、お互いが理解する努力をせず、問題解決に発展しないコミュニケーションをすることです。自己弁護的になったり、相手の話に耳を傾けないことです。

悪いコミュニケーションになる例を挙げますので、チェックしてみて下さい。

- 自分の言うことが正しくて、相手が間違っていると証明することに固執する
- 問題の原因を自分ではなく相手のせいにしようとする
- 自分は悪いことはしていない、むしろ、自分は犠牲者だと主張する
- 何を言っても無駄であるという態度を示し、解決策を探そうとしない
- 相手に不満があるにも関わらず、相手に何をして欲しいかを伝えない
- 何も言わなくなり、その場からいなくなる
- 自分の話す言葉や声のトーンが違ってきているのに、それに気がつかない
- 自分には問題はなく、相手に問題があるという態度をとる
- 自分が間違ったことや不適当なことをしたと認めることを拒む
- 今、お互いが感じていることに向き合わず、過去の問題ばかりを列挙する

悪いコミュニケーションというのは、自分の気持ちを率直に表すことをせず、相手がどのように考えたり感じたりしているのかを理解しないことです。一方、良いコ

ミュニケーションとは、自分の気持ちを率直に表し、相手の気持ちを理解しようとすることだということを忘れないようにしていきましょう。

というような、心理学的な正論は言えますが、一般的に**好き同士の関係にあるとコミュニケーションは良くなりますし、嫌いな人に対してのコミュニケーションは悪くなります。**コミュニケーションが悪いとどうなるか、失敗しない場合はその悪さは露呈されません。ただ、コミュニケーションが悪いのに失敗しない事案は皆無とも言えます。通常は、コミュニケーションが悪いと失敗の原因の犯人捜しを行うという醜いことをし始めます。この時あなたがこれをしなかったから、あなたはこの時何もしなかった、こういうやり取りはしたくないものです。

それではどうするか――。それは**コミュニケーションの手段を文書にしておくこと**です。仕事上の文書には感情はありませんし、感情を入れる文書は悪い文書です。感情は口頭、面前で表現しましょう。

要件定義を例にとってコミュニケーションの悪い例を挙げてみます。実現したい要件には、発注者が頭の中だけで認識していることもあれば、気付かないようなこともあります。それを口頭で開発者に伝達する場合、認識していることの全てを正しく伝

伝達できたと思っていても、伝言ゲームと化してしまう

- ☑ 正しく聞けないことは、正しく書けない
- ☑ 正しく書けないことは、正しく話せない
- ☑ 正しく話せないことは、正しく伝わらない

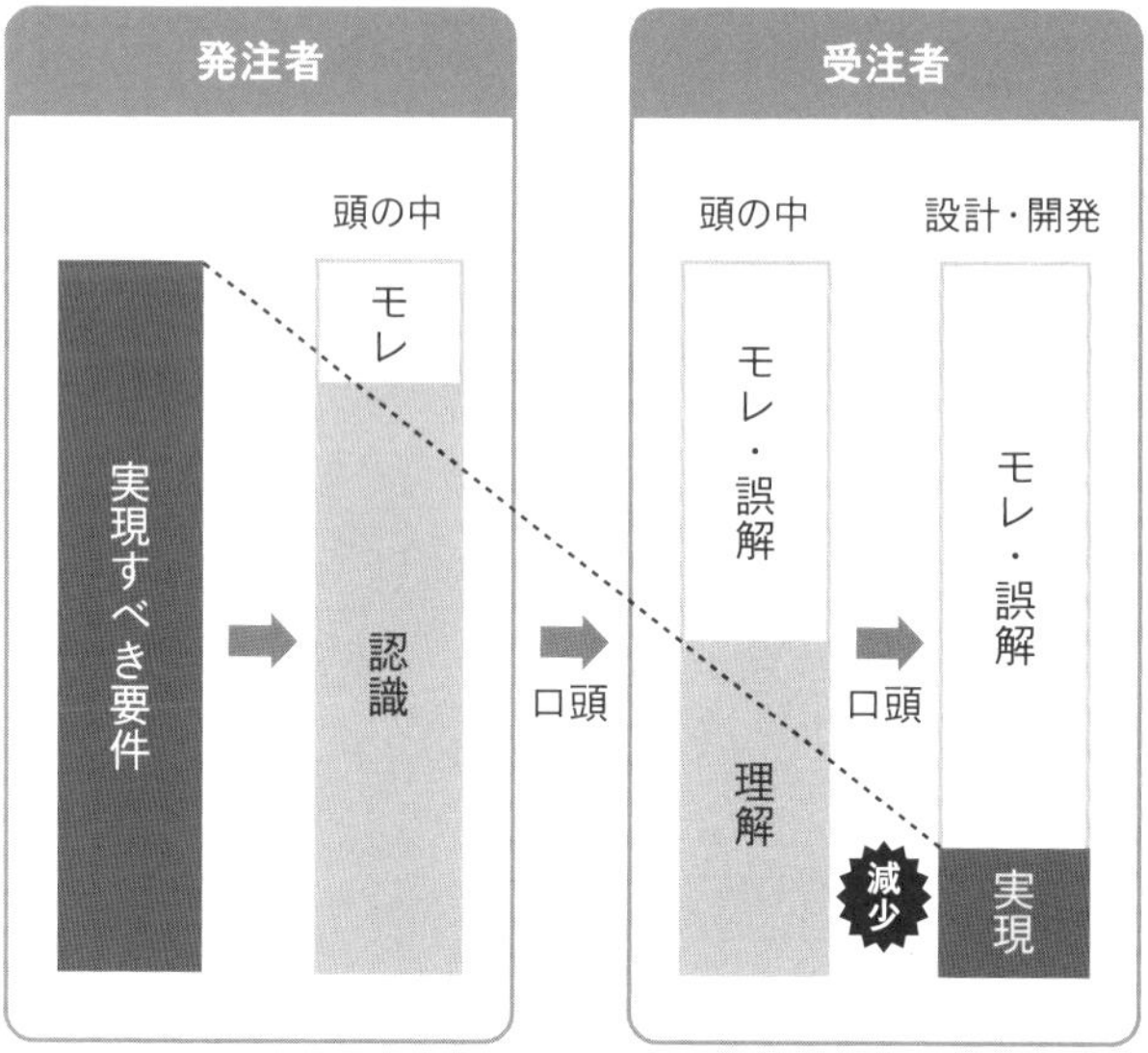

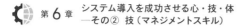

えられない可能性が生じます。すると、開発者は口頭で伝達されたことにより、誤解、聞き逃しなどが起こります。そうして設計・開発されたシステムは、発注者が実現したい要件が、抜け落ちたり誤っていたりするものです。それによってプロジェクトが失敗します。文書化は、口頭や簡易的なメモなどで伝達する場合に比べて格段に認識のズレを防ぐことができます。さらに、関係者とも情報共有をすることができるようになります。コミュニケーションに関する法則として、以下の3原則があります。

- 正しく聞けないことは、正しく書けない。
- 正しく書けないことは、正しく話せない。
- 正しく話せないことは、正しく伝わらない。

これらを肝に銘じて、プロジェクトを成功させていきましょう。

寸鉄

人の好き嫌いとは正面から向き合い、大事なことは文書で確認する
文書はビジネスライクに感情を盛り込まず、感情は面前でのみ表現する

第7章

システム導入を成功させる心・技・体—その③心(ヒューマンスキル)

プロジェクトを成功させるためには**マニュアルがあれば有効である**と言われています。しかし、そのマニュアルが1,000ページを超えて整えられていたところで、それを使いこなせなければ意味がありません。

また、プロジェクトは一人で行うものではありません。多くの人が関わり、それぞれの構成員がやる気を出して、役割を発揮してこそ成功という成果を得ることができるのです。

そのためには、**チームワークとそれを発揮するためのリーダーシップ**がプロマネに求められます。リーダーシップは、組織の中で目標を定め、チームを作り成果を出していく能力のことであり、必ずしも、支配的に人を動かすことや先頭に立って引っ張ることではありません。

スポーツの監督や有名な人で良い人だなぁ、ああいう人の元で仕事をしたいなぁ、と感じる人がいることと思います。そういう人がプロマネであったらプロジェクトは成功していくことと思います。この章では、そのように振舞えるコツをご紹介します。

有りそうで無く、出そうで出ないもの、それは「やる気」

とある会計事務所（従業員10名弱）の話です。所長が「今年は資金繰りが悪いのでボーナスは去年並みか少し減になりそうだな」と話すと、社員が「銀行に借入をすればいいじゃないですか。顧問先の企業でもやってますよ」と反応されたそうです。所長は、**事務所の経営状況や自分の思いを理解されないギャップ**に、その場で怒ったとのことですが、その後、**1年も経たないうちに全社員が辞めた**とのことです。

どんな会社であれ、社長と従業員の意識は全く異なるものです。英語でEmployee（従業員、雇われる人）とEmployer（雇用者）との反意語がありますが、最後の一文字の「e」と「y」とで、大きく違う意味になってしまいます。

システム導入のプロジェクトでも、**経営者の思いとプロジェクトに呼ばれる社員との思いにはギャップがあるのが当たり前**と捉えるのが賢明です。

プロジェクトを成功させるには、メンバーの「やる気」があることが絶対要件と言えるのですが、プロジェクトメンバーに選んだ時点で必ずしてもやる気が起こっているとは限りません。

この「やる気」がある状態で仕事をすることができれば、仕事の質や効率が良くなる、意欲を持って新しいことにチャレンジできる、仲間や周囲に気配りができる、チームが一丸となって仕事に取り組める、職場の雰囲気が明るくなる、目標達成への意欲が高まる、といった効果が倍増してきます。

しかし、現実は「やる気」が出てこないことがあり、次の原因が挙げられます。

●上司や部下とのコミュニケーションに問題がある、人間関係や風通しが悪い

上司と部下の間に信頼関係が築けていない場合、システム導入のプロジェクト以前の問題として取り組む必要があります。その状況では、新システムの目的や作業内容、メンバーの役割などを話しても、素直に受け入れられません。まずは、人間関係、信頼関係を築くことから始めると良いでしょう。

●仕事に対して自信が持てず作業を遂行できるか不安になる

システム導入のプロジェクトは専門性を必要とし、かつ、調整事が多いので、メンバーが仕事をやり遂げられるか自信が持てず不安になる場合があります。自信が無いと、前向きにチャレンジしようという気にはなれず、「やる気」低下になりかねません。メンバーに仕事を割り当てる際、メンバーの力量を考慮しておく必要があります。

●仕事の目標が明確でない／適正でない

何のための仕事なのか目標がわからない場合や、その目標を達成することが価値創造につながらないと思う場合にも「やる気」は下がります。

システム導入の目標や効果を丁寧に説明し、プロジェクト計画の全体像、直近のマイルストーン、その作業の成果がどう役立つかを共有し、協調感を培います。

●成果をあげても評価されない

どんなに仕事に励んでも、その努力や成果について正しく評価されなければ「やる気」は低下しますので、納得する評価の仕組みがあることが大切な要素となります。

プロジェクト全体としての成否の評価基準を設けておくのは当然として、プロジェクトメンバー個々のプロジェクト参画における評価基準の明確化が必要です。

●ストレスや疲れ

「オーバーワーク」が続き、過労状態になれば「やる気」は低下します。システム導入のプロジェクトで遅れが顕在化すると、それを取り返すのは容易でなくなり、残業続きの日々になりかねません。メンバーが抱えている仕事量や残業時間について気を使い、場合によってはスケジュールなどの見直しが求められます。

●労働条件や環境が悪い

空調、机、パソコン、部屋のレイアウトなど、物理的な環境も「やる気」に影響を与えます。システム導入のプロジェクトでは、メンバーを招集して、計画書とＷＢＳを渡しさえすれば、プロジェクトメンバーが予定通りに作業を始め、期日までにそれを終わらせてくれる、なんて夢を見てはいけません。

作業を行う環境（大きな画面が必要なのに小さなノートパソコンしかない、など）が整っているか、環境にメンバー間の不公平が生じていないか、への配慮が必要です。システム導入に従事する人の中には口数が少ない人もおり、不満を口に出す人ばかりではありません。声が聞こえないから大丈夫と安心するのでなく、やる気を持って仕事をしているかに注意を払いましょう。

寸鉄

プロマネの意識とメンバーの意識は全く異なるもの
「やる気」を奮い起こすことに注力し、環境への対応や仕組みを考えよう！

人には個性があり、同じことを同じように依頼すると失敗する

プロマネの役割には、メンバーに期限内に仕事を終わらせる工夫を施すことが求められます。その役割を発揮するために、同じことを同じようにメンバーに伝えても上手くはいきません。なぜなら、人には個性があり、それに応じた接し方をする必要があるからです。仕事の進め方は、次のように3つのタイプに分けられ、期限内に仕事を終わらせるためには、そのタイプに応じた接し方が求められます。

●いらち（せっかち）なタイプ

期間の最初から集中して作業し、期限前に早く完了する（前半集中、後半遊ぶ）

接し方：期間は短めに設定する

●ダラダラなタイプ

期間中作業を続け期限に合わせて終了する（期間全てに亘ってダラダラと仕事する）

接し方：期限を早めに設定する

●かちかち山の狸なタイプ

いわゆる〝おしりに火がついて〟から作業を始める（前半遊んで、後半頑張る）

接し方：期限は「なるべく早く」と伝える

多くの人は**「明日できることは今日しない」**という怠け心を持っています。仕事上の期限がある場合、余裕をもって仕事を終わらせる人は少ないのが実情です。

例えば、個人の所得税に関して、年に1回、確定申告を提出することが求められますが、確定申告の提出期間は1カ月の提出期間があるにも関わらず、多くの人は最後の3日間に提出、最終日には行列をなしている光景も見られます。

仕事の期限をバカ正直に伝えると遅延の可能性が生じます。人の個性に応じて、どうすれば期限を守ってもらえるかの工夫を行いましょう。

寸鉄

仕事を期限内に終わらせるためには、期限日を伝えるだけでは不十分
人のタイプを見極め、人に応じた接し方を！

トップダウンという言葉の本当の意味は

プロジェクトによっては、**責任者に社長を掲げている体制図**をよく見るものです。そして、**社長が1回もプロジェクトに顔を出さないこともよくあるもの**です。お飾りだけの責任者なら不要です。実質的にリーダーシップをとれる人が責任者になるべきです。

メンバーにとって一番大事な人は誰か。それは会社の大口顧客でもなく、販売代理店のパートナーでもなく、上司です。そして、突き詰めていけば社長です。会社員の収入は給料ですからそれを払ってくれる、その金額を決める人が一番大事なのです。したがって、**メンバーは誰の言うことを聞くかといえば役職の高い上司の言うことを聞く**のです。したがって、役職の高い人が体制の上位に立ち、物事を決める際にはトップダウンで行うことが成功の秘訣と言われています。

このこと自体には間違いないのですが、ほとんどの人がトップダウンの意味を勘違いしているかと思います。どう勘違いしているのかというと、**トップダウンはトップが決めたことに従う**という教条主義（状況や現実を無視して、ある特定の原理・原則に固執する応用のきかない考え方や態度）のような意味合いのとらえ方です。

そうではなく、**本来のトップダウンとは、文字通り、トップが現場に降りてきて、現場の状況を正しく認識することと**解釈すべきです。現場の意向や意見を無視し、トップが無理やり何かを決めたところで、一時的にはそれに従っても、長い目でみればそれは持続せず、何のためのプロジェクトであったのか価値を見出せなくなります。

トップの方は、現場の課題を把握しているだけでなく、今後のありたい姿を描ける人であることも必要で、それをビジョンとして、現場に伝える必要があります。プロジェクトメンバーが現場部門に帰って伝えることだけで改革は出来ません。**トップが自ら現場に足を運び、先頭に立っていく人**に社員はついていくのです。

寸鉄

トップダウンとは、文字通りトップが現場に降りてくること
報告を待っているだけでなく、自らが足を運ぶべし！

判断、承認、意思決定に時間がかかると、全体に迷惑をかける

もし、ダメなプロマネはどのような人ですか？　と問われることがあれば、**「決められない人」「進まない人」「悶々と考えてるだけの人」**と答えるかと思います。

プロジェクトの運営上、A案、B案、C案、というような選択肢がある場合に、慎重になり過ぎて、決めるべきことを決められず、前に進まないことがあります。

ただ、**決められない原因はプロマネの性格だけの問題**ではありません。プロジェクトオーナーから権限移譲を受けていない場合（プロマネとは名ばかりで、決定の裁量を持ち合わせていない）や、物事を決定するのに必要な情報が集まっていない場合は、決定しようにもありません。

逆に、プロマネが独断的に全てを決めてしまうのも良くない場合があります。プロジェクト遂行上の最重要課題が発生した場合には、プロマネの判断だけでなく、プロジェクトオーナーやステークホルダーを交えて課題を検討する必要があります。

さらには、プロジェクトメンバー内で成果物を確認する「ウォークスルー」と、プロジェクトで合意をする「レビュー（承認）」との違いを認識しておく必要がありま

す。「ウォークスルー」は、成果物の品質を高めるために実施するものですが、「レビュー（承認）」は、プロジェクトから利用部門やステークホルダーに向けて実施するもので、プロジェクトの中で完成した成果物の内容を利用部門が検証し、ステークホルダーを交えて合意する手続きです。

「レビュー（承認）」は、利用部門の適切な管理者による検証を受けることで「言った・言わない」の揉め事をなくし、設計内容の不備の問題を早期発見・解決し、手戻りを少なくする内部統制上も欠かすことができないものです。

プロジェクトの意思決定が遅れると、その影響は計り知れません。ステークホルダー間での風通しをよくし、決めるべきことは速やかに決める、相談すべきことは適宜協議する、との運営を心がけていきましょう。

寸鉄

良いプロマネとは？　と聞かれると「決められる人！」です
関係者との風通しをよくし、皆が納得する「レビュー（承認）」の実施を！

プロジェクト環境の良し悪しが成否を左右する

米国のシアトルと聞かれると何を連想されますか？　野球の好きな方は、イチローのシアトルマリナーズを思われるでしょうし、スターバックスの本社もあります。他にも、**マイクロソフトとアマゾン**の本社があります。シアトルは水と緑に囲まれた美しい街並みで「エメラルド・シティー」という愛称で呼ばれ、夏は涼しく冬もさほど寒くない良い気候で、ここから世界を変えていくソリューションが誕生しています。

世界を変えていくものを発信した場所といえば、シリコンバレーを抜きに語ることはできません。そこは、米国サンフランシスコのサンタクララ・パロアルト・サンノゼ地区の通称で、**谷（Valley）と呼ばれる盆地に、半導体産業や大手IT企業や研究所**が密集しているため、半導体の代表的な素材であるシリコン（Silicon）にちなんで名づけられたものです。シリコンバレーには**アップル、グーグル、フェイスブック、ヒューレットパッカード**など、多くの世界を変えてきたＩＴ企業があります。

スタンフォード大学の環境は絶賛に値します。芝生のスペースが至るところにあり、読書をしたり、パソコンをいじっていたり、ドローンを飛ばしたりと、敷地の広さは、

シリコンバレーにある会社一覧

- ☑ アドビシステムズ
- ☑ アップル
- ☑ シスコシステムズ
- ☑ eBay（イーベイ）
- ☑ Google
- ☑ ヒューレット・パッカード（HP）
- ☑ インテル
- ☑ Facebook
- ☑ オラクル
- ☑ マンテック
- ☑ Yahoo!
- ☑ Twitter

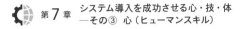

モスクワ大学に次いで世界第2位の広さを誇るらしいです。

狭い日本のオフィス事情をみると、そのような環境とは比較のしようもないのですが、せめてできることの環境整備をしておきたいものです。プロジェクトを発足する場合、その場所は**通常業務とは画するためにも別の作業場所を確保すること**が望ましいです。自席で仕事をすると通常業務に縛られますし、別の場所だと気分一新、他部門の普段会わない人と机を並べることで、コミュニケーションも向上します。

一方、別の作業場所にすることにより、密室的になって閉鎖的になることも避けなければなりません。また、エリート意識を醸成するようなネームプレートがあるのは考えものです。あくまでも、**一定期間のプロジェクトメンバー**であって、各部署の代表であり、メンバーであること自体の格差はない方が良いはずです。

プロジェクトルームには、いつでもプロジェクトの目的が確認できるように、大きな張り紙で「達成すべき明確な目的」を掲示するような工夫が必要です。古めかしいようかもしれないが、考え事をしているとき、フーッと休憩しているとき、毎日見ているものでも振り返れるものです。また、他部門の関係者が入ってきたときには活気をも感じるものです。

社内報などを通じて、プロジェクトの活動を周知していくことも必要です。プロジェクトの活動内容は、思うほど社内に浸透していないのが普通です。どのような活動をしているのか、成果はどのようなものかを定期的に発信していかないと忘れられてしまうものです。

プロジェクトの成否は、**メンバーが心地よく仕事ができるかどうか**にかかっています。そのためには環境の整備も必要です。一口に環境といっても、物理的な明るさや机の広さ、パソコンのスペックなどから、働く人同士の人間関係など精神的なものまで、多くのものがありますが、環境が悪くなると効率が下がるだけでなく、心身の健康まで害する恐れがあることを銘記しておきましょう。

寸鉄

たかが環境と軽視すると、そこに「やる気」を殺ぐ落とし穴が潜む
成功例は必ずといっていいほど、良い環境から生まれている

現場の意見をどこまで反映させればいいのか

システム導入のプロジェクトを推進していくと、必ずと言っていいほど**「抵抗勢力」**が現れます。その方々は往々にして**「総論賛成・各論反対」**なのです。なぜ、各論反対になるのかと言えば、会社全体の方向性として良い方向に変わっていくことに反対の余地はなく賛成されます。しかし、そのことが自分に関わることであると直面（認識）すると、**「なんで変わるの？　今のままで十分なのに……」**と反対に回ります。

また、皆がいる場では発言せず、個別の場になって発言するという日本の嫌らしい面もあります。人は慣れ親しんだ環境や手段を守ろうとする習性があります。そのことを当たり前と思い、改革していくための地道な対話、そのための方策を練っていく努力が必要になります。

現場部門とヒアリングを行うと、**会社全体の視点に立つ次代の社長かな……と思う人は残念ながら少ないのが実情で、多くの人は自分の業務が楽になるかどうか**だけを思っています。また、課題や悩み事を話してくれる場合に、その業務の発生頻度が稀であったり、個人的な業務に近いものであったりする可能性が高いので、話してくれたこと全てを改革の対象にするのは早合点になることもあります。次に現場部門とヒアリングをする際の留意点を挙げておきます。

- 個人の道具でなく、会社全体の道具を模索すること
- 部分最適でなく、全体最適を目指す
- あれば便利という nice to have の優先度は最後尾にする
- 手段（how to）ではなく、機能（what）を議論する

チェンジ・マネジメントという言葉があります。これは、ビジネスにおいて企業が組織や業務を変革しなければならないときに、より効率的に成功に導くためのマネジメント手法です。１９９０年代、アメリカで「ＢＰＲ」（ビジネスプロセス・リエンジニアリング）という概念が生まれました。元マサチューセッツ工科大学教授のマイケル・ハマー博士と、経営コンサルタントのジェイムス・チャンピー氏の共著『リエンジニアリング革命』により、ＢＰＲは、従来の方法論にとらわれない抜本的な革新経営理論として、世界中に普及します。そして今では、多くの人が業務改革のことをＢＰＲと呼ぶようになりました。

日本でも、ＢＰＲは経済再生を担う経営改革の手法として歓迎され、多くの企業で

取り組まれてきました。しかしながら、ＢＰＲは、既存の組織構造を解体することに比重が置かれ、社員のリストラや人員整理といったマイナス面の印象が強く、前向きな変革、新たな価値を創出したものは少ないという結果が見られます。

その失敗の原因には、システムやハード面だけではなく、変革を行う**経営者や社員の人為的要因**に着目していなかったということがあるようです。したがって、「チェンジ・マネジメント」を実行していくには、社員の心理的サポートなどの人為的要素が必要になってきます。このことを顧みず、トップダウンで改革しようとの掛け声だけはダメであるとは先に述べた通りです。

一口に「抵抗」といっても、潰しにかかるといった強いものから、モヤモヤ感のような小さなものまであります。そして、表に出ている抵抗だけでなく、隠れている抵抗を見逃さないことが必要です。そのためには、情報共有をまめに図り、関係者には何回となく説明の場を設けることです。その説明の場についても、場合によっては経営トップから各部門長に伝えるような工夫や、定期的な情報交換の場をもうけておくことも有用です。

さらには、システムの本稼働が近くなってくると、利用者全てに対しての教育、理解促進活動が必要になります。ここについては、単に新システムの操作方法だけでなく、業務プロセスの変化点やその背景、障害発生時の対応法なども含まれます。

また、本稼働を迎えるまでではなく、稼働後から定着していくまでの活動も必要になり、稼働直後のヘルプデスク対応、問合せが落ち着くまでの運用体制確立期間、平時の恒久運用へと推移していきます。

改革を進めようとすると、様々な人が多くの意見を言うものです。その場合には、プロジェクトオーナーの意思を**「錦の御旗」（物事をなすにあたって、表向きの理由になるもの）**とし、納得の行くまで対話することが、結局は近道になるものです。

寸鉄

反対論が出ないのは、改革とは言えないうわべだけのもの
文句が出てくるぐらいが本物。反論を恐れるな！

プロジェクトマネジメントとプロジェクトマネージャー

ＰＭという略語は、プロジェクトマネジメントの意味でも、プロジェクトマネージャーの意味でも使われます。前者は、**プロジェクトを成功に完了させることを目指して行われる活動のこと**と、定義づけることができます。それに対して、後者は**プロジェクトの計画・管理・遂行に関する責任者**のことで、計画の立案から人材・資金・資材の調達、日程・進捗の管理、運営実績の評価・分析を行い、プロジェクトの進行についての責任を負う人で、プロマネとも呼ばれます。

プロジェクトを成功させるための手順やノウハウはＰＭＢＯＫや導入方法論に記載されてはいますが、それを使いこなせるよう、**推進していくのがプロジェクトマネージャー（プロマネ）**です。

プロマネに必要なことは何か、**ひと言で言うならリーダーシップがあること**です。リーダーとリーダーシップは同じような言葉ですが違います。リーダーは単なるポジションのことで、プロジェクトマネージャーと任命と受ければ、それだけでリーダーになります。それに対して、**リーダーシップとは「プロジェクトの目標を定め、チー**

ムをつくり、**成果を出す能力」のこと**を言います。本来、リーダーはリーダーシップを持つことが必要ですが、残念ながら、そうでないリーダーも多いのが現実です。**リーダーシップは管理することではありません。**リーダーはメンバーに明確なビジョンを示し、わかりやすく伝える義務があります。メンバーが心地良く仕事ができるようにサポートすることがリーダーの仕事で、上から指示して動かすことではありません。まして、ガントチャート（作業計画と実績を視覚的に表現する表）の色塗りをするだけの、形式だけの管理をするだけのプロマネはもっての他で、本来のプロマネの役割は次のようなことになります。

●目標を設定する

プロマネは太平洋を航海する船長のようなものです。船長が目的地という名の目標を設定しなければ船はどこにもたどり着けません。したがって、プロマネの役割で大きな役割はプロジェクトの目標を設定することです。逆に言うと、この目標を設定しなければ、プロジェクトをどこにも率いることができなくなります。

●プロジェクトの環境を整備する

物理的な環境、精神的な環境、プロジェクトには様々な環境があるものですが、その環境を整備するのもプロマネの役割です。

●メンバーの動機付けを行う

プロジェクトメンバーのやる気を引き出す、モチベーションを上げる、言うまでもない大事なプロマネの役割です。わかってはいるものの実行が難しい命題です。

やる気を引き出すためには、夢を語ること、ワクワク感を持てるようにすることではないでしょうか。人は論理ではなく感情で動く動物ですので、何十枚もの資料を使って論理的に説明しても動機付けは得られません。夢みるビジョンを語りませんか。

●メンバーに仕事の成果を上げさせる

リーダーシップが「メンバーが喜んで仕事ができるようにすること」であれば、成果を出せることにメンバーは喜ぶのではないでしょうか。成果を上げるためには、プロマネの持っている経験や人脈を、メンバーが使えるように語って指導していくことではないでしょうか。

●手本になる

プロマネの役割に、メンバーの手本になることもあります。プロマネは「この仕事はこうすれば良い」という手本をメンバーに示すことです。プロマネがしっかりしているプロジェクトはメンバーもしっかりしていることが多いものです。逆も言えます。要は**「プロマネは背中で語れ」**ということです。

●人材を育成する

プロマネの最後の役割は、プロジェクトを通して人材を育成していくことです。企業は人で決まるものですし、プロジェクトに集まってくる人は次代を担いゆく期待も背負っています。プロジェクトとして成果を出していくという目的の他、人材育成という副次的な効果も求められているものです。

色々と語ってきましたが、プロジェクトにおいてプロマネに求められるもの、それは**「絶対に成功させる」**という強き思いではないでしょうか。この思いがなければ、多くの成功を阻む障害を乗り越えることができないでしょう。

寸鉄

私の目の黒いうちはプロジェクトを絶対に成功させる
この思いがプロマネにあるか否か。結局はこれで全てが決まる

システム導入に失敗しない

プロマネの心・技・体

—持続可能な成長のための気づき—

第8章 知っておきたいトレンド

とかくITに関することは、英語・略語・カタカナが多く、自分がわからない言葉が出てくると敬遠したくなります。しかし、自分にはわからない言葉であっても、周りの人が知っていて、知らぬは自分だけという状況になれば恥ずかしくもなるものです。

例えば、**インターネットというキーワード**を30年前に知っている人はほとんどいなかったと思います。しかし、現代にあってインターネットを知らない人は皆無と言ってよいでしょう。

社会人の常識として知っておきたいことは把握しておきたいものです。しかし、その常識というものは人によって異なります。でも、知っておかないと恥をかくこと、知らないと損することがあるものです。

知っておきたいトレンドを書き出したらキリがないですが、この章では、**RPA**や**IoT**、そして、**ブロックチェーン**を説明いたします。そして、2015年9月の国連サミットで採択された**SDGs「Sustainable Development Goals（持続可能な開発目標）」**をご紹介します。

「データ入力や単純作業は人件費の安い人に……」はもう古い

パソコンメーカーから宣伝のファックスが届くようになったことがあります。そのうち、ファックスが毎日届くようになりました。ファックス受信は紙がもったいなく、そのチラシにフリーダイヤルの電話番号があったので、文句の一言でも添えて、「もう送るな」と伝えてやろうと思い、電話をしました。

電話をすると、**「……の用件の方は〇番を、……にご用の方は△番を」と機械的なメッセージと、それに答えるように番号を押すことが続き**、挙句には「ファックスによる宣伝を止めたい方は〇番を」になり、その番号を押したら「ファックス宣伝の停止を受け付けました。ありがとうございました」とのメッセージを最後に電話が切れました。この間、10分いや15分近く費やしたでしょうか、それほどの時間に、**文句の一言も言うことができず、やるせない心地**になりました。

コールセンターを運営する側からすると、人件費をかけずに対応できています。文句を言われることによるオペレータの意識低下も防げます。このような機械的な応答の仕組みのことをＩＶＲ（Interactive Voice Response）と言います。ＩＶＲは、消費者からの入電の際、あらかじめ用意された音声による案内や、顧客の入電理由に応じた番号入力でオペレータ対応の振り分けを行うシステムです。**IVRを導入することで、24時間受付対応できる、消費者が入力した番号のデータ処理ができる、オペレータを雇う人件費を抑えることができる、**等のメリットがあります。

こういう話をすると、飛行機の予約を電話で行う際、はじめの方で会員番号の登録を行うということを思い返す人がいらっしゃるかと思います。それによって、本人確認を行う手間を省くことができます。ここで「なるほど」と納得する方は、残念ながら古い方です（苦笑）。なぜなら、物心ついた時にインターネットがある世代で生まれ育った現代人は、飛行機の予約のために電話を利用することはないからです。また飛行機会社の競争においては、サイトの充実度や予約の便利さも決め手になってきています。

機械的（パターンを特定できる）なことや大量データを処理するようなことがあれば、従来は人件費の安い人の担当にしようと、地方や海外に拠点を作ること（コールセンターも北海道や九州に多くあります）がありました。しかし、最近は**RPA（ロボティック・プロセス・オートメーション）**というロボットによる業務の効率化・自

RPAの活用例

〈 RPA化できる業務要件 〉

- ☑ 絶対的に作業時間が多い業務
- ☑ 単純作業の反復が多い業務
- ☑ ルール化が可能な業務
- ☑ 他人に依頼できる（自動化できる）業務
- ☑ パソコンだけで作業が完結する業務

〈 RPA化できる業務例 〉

- ● ネット上の自社製品の口コミ情報の自動収集
- ● コールセンターの問合せ件数集計や内容の転記
- ● 勤怠管理システムからの長時間残業者のピックアップ

〈 事例 〉

「これまでにRPAによる自動化で約200業務、
40万時間の業務量削減を実現しており、
今年度末迄には100万時間、3年以内に300万時間
（約1,500人分の業務量）以上の業務削減を実現」

（出典：三井住友銀行 2017年11月13日のニュースリリース）

動化の取り組みが流行っています。

日本の労働人口が減少局面にあるなか、労働力を維持しつつ競争力を強化するためには労働力の有効活用や生産性を向上させるための方策が必要です。その背景により、従来よりも少ない人数で生産力を高めるための手段としてＲＰＡが注目され、帳簿入力や伝票作成、ダイレクトメールの発送業務、経費チェック、顧客データの管理、システムへのデータ入力など、主に事務職の人たちが携わる定型業務で活用することができます。

大量データ入力や単純作業は人件費の安い人にさせればよいと思っていることはありませんか？　人件費の安い人どころか、人自体がいなくなってきているのです。ＩＴ化を進めなければ、業務処理を終えられないという事態になる切迫感を感じたことはありませんか？

寸鉄

中国やアジア諸国の労働を人件費が安いのは20世紀の過去の話
効率化や削減でなく、完全自動化を目指していくべし！

インターネットで繋がるのはパソコンとスマホだけではない

カーナビって忍耐強いなぁと感じられたことはありませんか？　運転手がわがままで自分本位の運転をし、そして、**運転手に出した指示に逆らわれても、根気強く、文句も言わず、目的地までの最短ルートを探し続けます。**そんな社員がいると心強いのですが、自分本位の運転をしないことも必要です。

カーナビでは渋滞情報が反映されます。動いている車に、どうやって渋滞情報を入手しているのかと疑問を持たれたことはありませんか？　それは、**ＶＩＣＳセンター（一般財団法人 道路交通情報通信システムセンター）が、渋滞や交通規制などの道路交通情報を、ＦＭやビーコンを使ってカーナビに届けるシステム**があるからです

電話が普及した頃の通信手段は有線でした。インターネットを利用する際にも当初は有線による接続が多かったものですが、最近は、無線によってインターネットに接続できるようになっています。飛行機に乗ってもインターネットに繋がるというのは便利ですが、会社員の中には、飛行機に乗っている時ぐらい、会社からの連絡とは遮断したいとの本音もあるようです。

スマホからもインターネットに繋がる時代になりました。そして、インターネットは、パソコンやスマホだけでなく、様々なモノと接続することができるようになりました。それが**IoT（Internet of Things：モノのインターネット）**です。今後、IoTによって、ビジネスや生活の環境が大きく変わってくるでしょう。IoTは様々な分野での活用が見込まれ、いや、すでに実用化されているのです。

身近なもので、「IoTトイレ」と呼ばれる空室管理は、トイレに設置したセンサーからトイレの空き状況をリアルタイムに知らせてくれるものがありますし、同じような仕組みで駐車場の空き状況がわかるものもあります。

他にも、次のように実用化されている例を挙げますが、これら以外にもIoTを実用化していることは数多くあります。

- スマート家電と呼ばれる外出先からの自宅機器（エアコンや風呂）の遠隔操作
- 通信機能を持つ心臓のペースメーカー（患者の生体データを医療機関に送信）
- 農業のハウス栽培における水や肥料の自動システム（農地に取り付けたセンサーで日射量や土壌の状況を把握して水や肥料の量や与えるタイミングを計る）

その仕組みはどのようなものでしょうか。具体的に**「スマートゴミ箱」**を例に考えてみましょう。街にあるゴミ箱が満杯にならないよう業者が回収作業をしているとします。ここで問題になるのが、場所によってゴミ箱が満杯になるタイミングが異なるので、ゴミ回収の効率が悪くなります。そこで、ゴミ箱の量を情報化し、さらに、どのルートで回収に行けば効率が良いルートかということをシステムで提案させることにより、業者は効率の良い方法でゴミ収集を実施することが出来るようになります。ただし、このことが出来るようになるためには前提があります。

どのような前提かというと、この仕組みを実現するためには、ゴミ箱のゴミの量（モノ）の情報を収集しなくてはならず、そのためにゴミ箱に「センサー」を設置します。そして、そのデータをシステムに届けるための通信手段が必要です。ここで、センサーの技術がいい加減だと、ゴミの量を正確に把握することができません。また、通信手段を独自に構築すると大変なので、インターネットを利用します。つまり、**センサー技術と通信技術の進化**がＩｏＴという夢物語を現実のものにできるのです。

免許証やパスポートにＩＣチップが組み込まれているのをご存知ですか。ＩＣカード免許証は、氏名、本籍、顔写真及び免許種別等の情報を免許証に埋め込み、運転免

スマートゴミ箱

ゴミ箱A
ゴミ箱B
ゴミ箱C
16時で満杯
14時で満杯
12時で満杯
11時出発
ゴミ収集車が来る前にあふれちゃう！
近いところから収集することで、まだ満杯じゃないところから回収してしまい、ゴミ箱Cはすでにあふれている状態になってしまう。
ゴミ箱A
ゴミ箱B
ゴミ箱C
16時で満杯
14時で満杯
12時で満杯
11時出発
少し遠いけどゴミ箱Cから回収して！！
満杯の所をIoTのセンサでキャッチし、各々のゴミ箱がちょうど満杯になる時に収集できるようなルートを提案許証の偽造・変造を防止し、プライバシーの観点から免許証の本籍欄は空欄になっています。パスポートにも、パスポート記載情報の入ったＩＣチップを埋め込んでいるので、写真を偽造しても入出国時にバレてしまいます。

当然のこととして、ＩＣチップもＩｏＴに利用することができます。ともかくも、通信やセンサーに関する技術は著しく進歩しています。白物家電や自動車、産業機器、家具、道路、橋、線路、街灯、電柱などの構造物など、世の中のありとあらゆる「モノ」をインターネットに接続することで、従来にはなかった新しい価値やサービスが提供されますので、日進月歩の技術を享受していきましょう。

寸鉄

インターネットにつながっているものを挙げてみて下さい
片手で止まってませんか？　ありとあらゆるモノがつながります

ＩｏＴを活用する本質って何？

最近は会社の入退室管理が厳しくなり、居室に入る際にはセキュリティカードをかざしたりすることが一般的になっています。また、過度な残業を撲滅しようと勤務管理も厳しくなり、正確な労働時間の把握とサービス残業を抑制しようとしています。入退室管理と勤務管理、これらは似ているものですが、実際には別々の方法で行っている会社が多いのではと思います。ＩｏＴ時代なのだから、社員証にチップでも埋め込み、会社の扉にはセンサーを付け、**入退室と勤務時間を自動的に管理できる仕組みでも講じておきたい**と思うものです。

ＩｏＴは、文字通りモノのインターネットです。であるならば、ヒトだけの管理だけではもったいなく、**様々なモノをインターネットで繋ぐことを考えていくべき**です。ある工場に訪れた時のことです。その工場では在庫の状況をバーコードで管理しているとの説明を受けました。製品が完成するまで、原材料の投入から幾つもの工程を経ていくのですが、その管理をバーコードで行っているというのです。一見、先端的な管理方法のようですが、幾つかの弱点があります。

● バーコードは原材料の束に付されているが、形を変えていく製造中の仕掛品の状況を正確に把握できない

● バーコードの読込のため、リーダーを利用してヒトが操作する必要がある

● 工程が変わっても即座にバーコード処理するのでなく、夕方にまとめている

他にも次のような例がありました。現場の作業員は製造が終了した製品の完成数を製造指図書に手書きで記入します。**その結果を直ぐにシステムに入力せず、作業が落ち着く夕方にまとめて入力します。**一見、普通の製造現場のようですが、これにも致命的な弱点が内在しています。会社のシステムに理想は、在庫管理や出荷管理などをリアルタイムで行うべきですが、システムへの入力を夕方にまとめて行っているために、午前中で出来上がった製品があったとしても、夜まで「製品」の状態にはなりません。午前中に完成したとの情報を把握できていれば、午後には配送できたかもしれず、結果として取引先に届くのが遅れてしまうのです。こんな状況では、素早い出荷処理を行うアマゾンのような会社との競争に負けてしまいます。

また、人が手書きで入力することで間違いも多く発生しています。さらに、製造にかかる時間などはラインの複雑性なども相まって正確に把握することが出来ないため、

理論値でしか管理できず、**製造にかかる原価も理論値より精度の高い金額を把握できず、工場の実態がわからない事になってしまっているのです。**

こうした状況をIoTで全てを改善できるとは言い切れませんが、製造ライン上にIoTの部品（ICタグや、カメラによる画像認識から実物を認識してデータ化する）を取り付け、製品の動きをリアルタイムにキャッチし、それをシステムに送信することによって、リアルタイムで製品の完成実績と加工時間を把握することが出来るようになるのです。言い換えると、製造現場の実態をIoTの技術を使ってリアルタイムに情報化することが可能になるのです。

しかし、ここで喜んではいけません。データをリアルタイムで情報化できても、それだけでは経営管理の改善にはなりません。その把握した情報を「経営に役立つデータ」にまで加工できるか、その情報を活用できるかが、キーポイントになります。

IoTを導入した会社を訪問すると、**製造現場からデータはたくさん取れているものの「何に活用するかはこれから考える」という声が非常に多いです。これは本当に残念な話で、目的と手段が逆転しています。**このような状況になると、ビッグデータとの聞こえがよいだけ。実態は無駄な多くの情報が集まっているだけで、経営に活かすというより、かえってゴミ情報が増えることによって価値を毀損しているのです。

そうでなく、経営側が積極的に関わるのです。経営者がどのような情報を欲しいのか、どう活用するのか、ということを早い段階で提示し、議論することです。IoTを使った製造現場を「スマート・ファクトリー」という呼び方をする事があります。「スマート・ファクトリー」は工場改善の1つのモデルとも言われており、データをどう活用するかが焦点となっています。

できないと最初から諦めるのでなく、できるかできないは技術屋が考えることですし、できないと判断したことでも、新たな技術が到来してくるものです。

寸鉄

IoTはあくまでもデータ収集の技術
予め経営側が欲しい情報やデータの活用法の提示や議論を行うべし！

仮想通貨とブロックチェーンの違いがわかりますか？

２０１８年1月、仮想通貨取引所大手のコインチェック社が、仮想通貨ＮＥＭの不正流出があったと発表しました。その被害額は５８０億円にもなると言い、その直後、自己資金により不正流出相当額を返金するとの方針を明らかにすることで話題性が高まりました。

この事件以降、仮想通貨って何？　ということの疑問を持った方が多いと思います。実態のある通貨、すなわち、ドルや円などは、中央政府がその通貨を管理しています。発行数や偽造防止策が管理され、民間人が簡単に貨幣を作りでもすれば犯罪です。

これに対して、仮想通貨は文字通り実態がありません。実態がないから価値がないかと言えば、価値があるから取引が成り立っています。なぜ価値があるかと言えば、ブロックチェーンによって、取引内容や保有者が保証されているからです。

仮想通貨とブロックチェーンを混同する人がいらっしゃいますが、ブロックチェーンはこの仮想通貨、特にビットコインを支えるために作り出されました。そして、最近はこの技術を使って、物流などの企業活動を支援する取り組みが増えてきました。

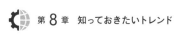

中央集権型とブロックチェーン

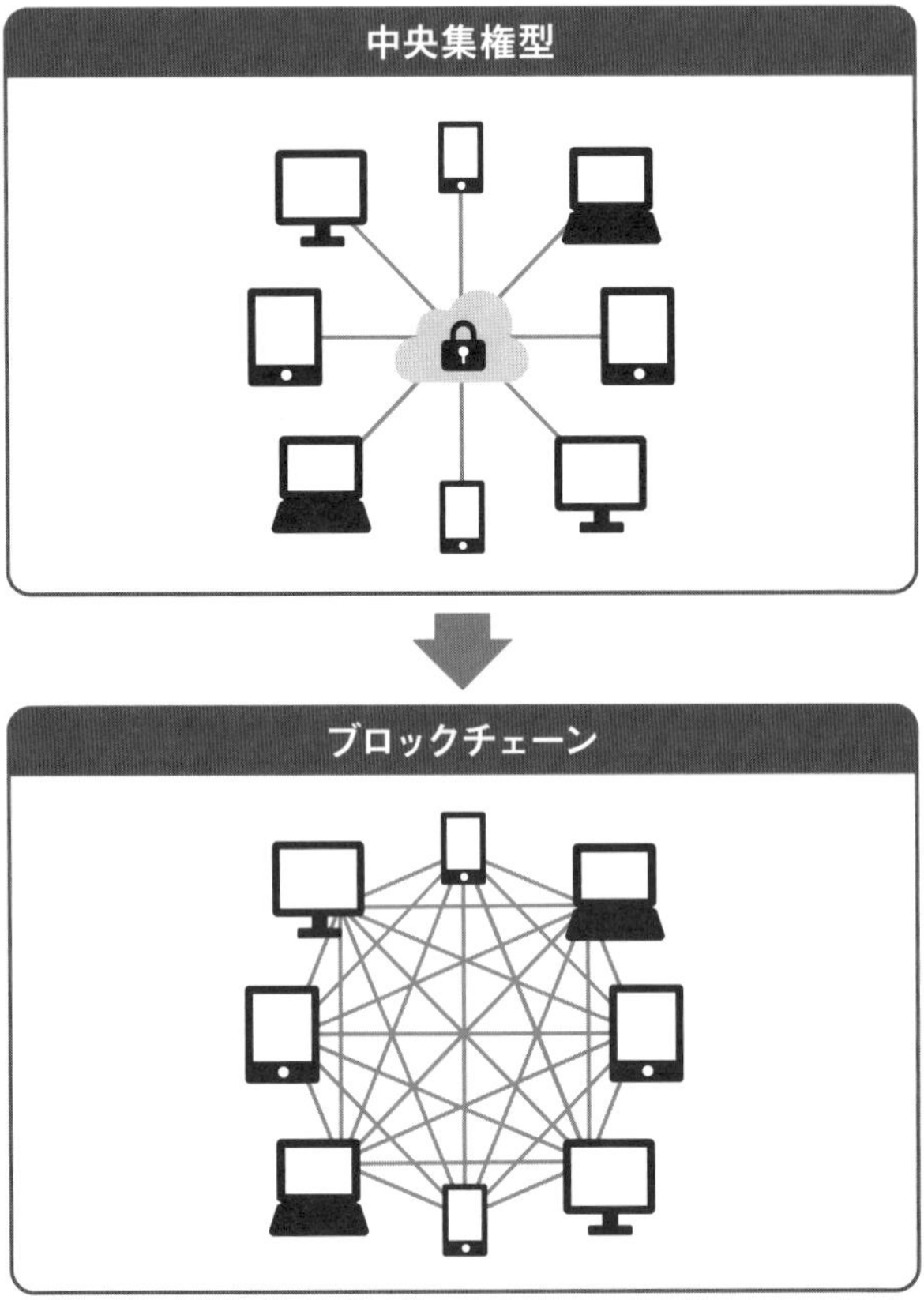

まず、ブロックチェーンの仕組みを伝統的なものとの比較で説明します。

伝統的なシステムでは、全てのデータは中央の巨大なシステムへ送られ、そこで全ての処理が行われます。そして、都度、必要な場所にデータが提供されます。

クレジットカードの支払を考えてみましょう。例えば一万円の支払処理をすると、データは中央のシステムへ送られます。そこでデータのチェックが行われ、正常に処理されるとデータは保管されます。またそのデータを使ってポイントなどが計算されます。このような処理をするために、どのような機能が必要なのかを考えてみましょう。

図を見ると4つの機能があることが分かります。

①発生したデータを送る

②データをチェックし、正しいかどうか確認する

③処理されたデータを保管する

④保管されたデータを使ってその他の処理を行う

ブロックチェーンであっても基本的に必要な機能は同じです。図の右側を見てください。それぞれの機能に対応するブロックチェーンの機能です。ブロックチェーンは

ブロックチェーンの機能

データ送信	P to P
チェック	コンセンサス・アルゴリズム
保管	分散台帳
処理	スマート・コントラクト

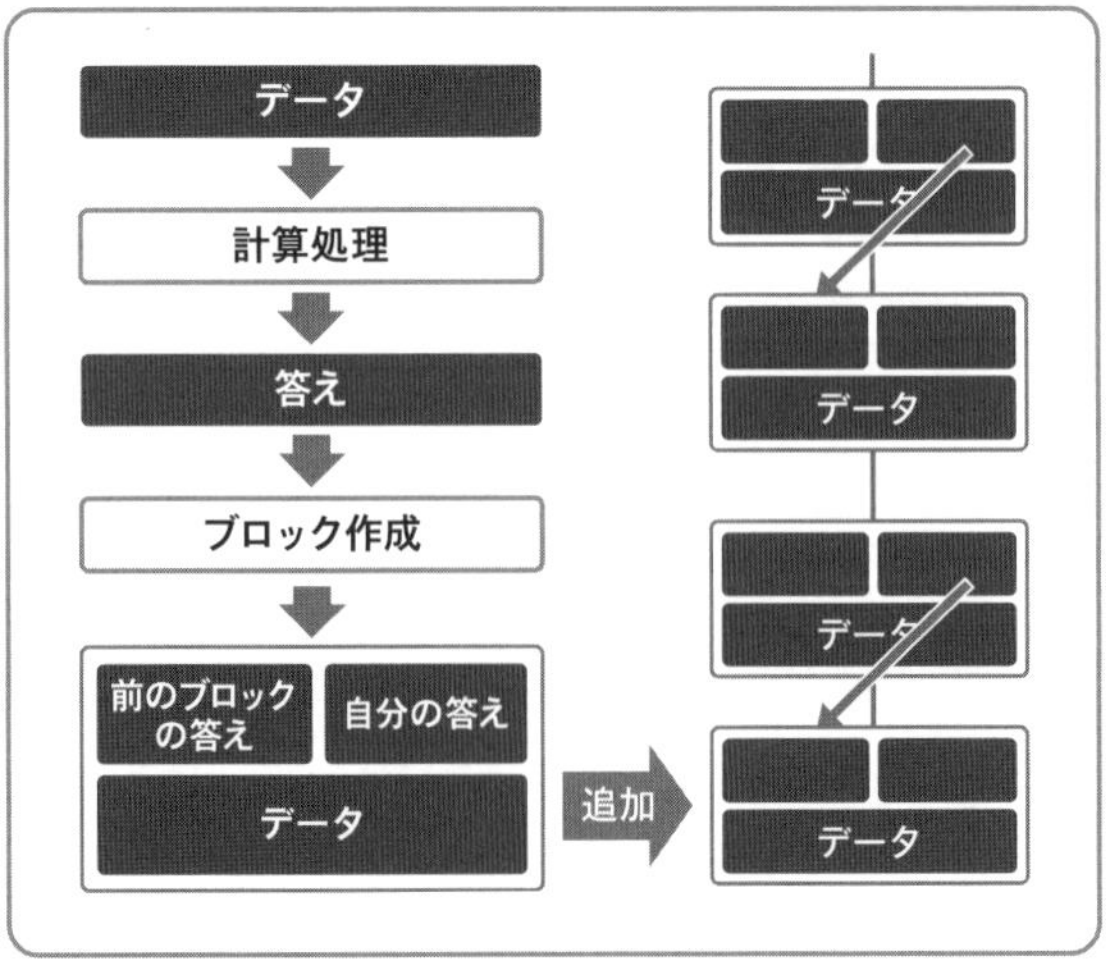

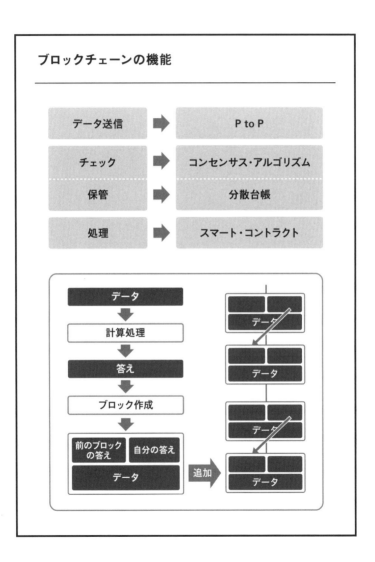

この4つの機能により、伝統的なシステムと同様な機能を提供しているのです。

（1）データの送信：PtoP

伝統的な仕組みでは必ず中心に大きなシステムがあり、全てのデータはそこに集められ、必要に応じて送られてきます。これに対して、ブロックチェーンでは中心となるシステムはありません。それがブロックチェーンの最大の特徴の一つでもあります。中心とバケツリレーのようになるシステムがないために、非常に柔軟性の高い仕組みとなっています。

どのようにして情報を共有しているのかといえば、「PtoP（ピア・トゥ・ピア）」という仕組みがあります。これは、ブロックチェーンに参加している全ての端末やPC、その他のシステムなど（まとめて〝ノード〟と呼びます）をつないで網の目を作り、情報が発生した場所から周囲に向かってバケツリレーのようにデータを受け渡していくものです。それによってデータが全てのノードに受け渡されていきます。

（2）データチェック：コンセンサスアルゴリズム

次に、各ノードに受け渡されたデータを説明します。伝統的な仕組みでは、中央のシステムに集められたデータが、そこでいろいろなチェックを受けますが、ブロックチェーンも同様のチェックを受けます。例えば1万円の支払処理のデータが受け渡されて来たら、支払った人の口座に1万円の残高があるのか？　とか、他の支払いもされていて、総額で残高を超えていないのかなど、さまざまなチェックがされます。（1）で述べたように、データはＰｔｏＰで受け渡されていきますから、全てのノードに同じ情報が受け渡っていない可能性もあります。すると、ノードによって、ＯＫとＮＧの判断が分かれる可能性があります。

その場合はどうするのでしょう？　その時は〝多数決〟です。ＯＫのノードが半分以上あればその処理は正しい処理と認められます。これは「コンセンサスアルゴリズム」などと呼ばれています。これも中央のシステムで集中的に処理を行わないブロックチェーンの特徴の一つです。

（3）データ保管：分散台帳

次に、各ノードはどうやって、処理の正しさを確認できるのかを考えてみます。上の例でいえば、1万円の支払処理をした人の残高データは、全ノードが同じデータを持っています。伝統的にはデータは中央のシステムで一括管理されていますが、ブロックチェーンでは全てのノードが同じ情報を持っていて（実際にはＰｔｏＰの時差の分だけ違っている可能性もあるのですが）、このことを「分散台帳」と呼びます。（2）で確認され、正しいと認められたデータは「ブロック」と呼ばれるデータの塊にされます。このブロックが全てのノードに受け渡されます。このブロックの集まりが分散台帳です。ブロックは一列に並んでいて、時間的な前後関係が分かるようになっています。また各ブロックはデータだけではなく、あるきまった手順で計算された答えも持っています。ブロックを作るときにデータと自分の答えだけでなく、前のブロックの答えもセットにして作られます。

このようにブロックが鎖のようにつながっている（チェーン）ことが、「ブロックチェーン」の名前の由来です。このように、前後のブロックが同じ答えを共有していますので、途中の一つのデータだけを変更することはできません。もし変更しようとすれば、チェーンの端のブロックから順番に変更していく必要があり膨大な手間がかかります。この仕組みが、ブロックチェーンが改ざんされにくいとされる理由の一つです。

（4）処理：スマート・コントラクト

（1）から（3）までで一通りの処理は完了しましたが、こういう処理と同時に別の処理をやりたいということがありますね。例えばクレジットカードで支払いをすると支払処理だけではなく、ポイントなどの処理も同時に行われます。

ブロックチェーンにも同様の仕組みがあります。それを**「スマート・コントラクト」**と呼びます。〝コントラクト（契約）〟という名前ですが、実際には小さなプログラムです。特定の条件（たとえば「支払いが実施された」とか）で自動的に動くように作られています。クレジットカードのポイントの例を使えば、「1万円の支払いがされた」という情報が入ってくると自動的に動き、「5ポイント追加」のような処理をしてくれるプログラムです。

仮想通貨ばかりが強調されるブロックチェーンですが、中央のシステムで全ての処理を行わなくて済むことから、例えば物流のように、全ての情報を一括で集めることが難しいようなプロセスを管理することにも活用できます。

「中央で管理することがないのに飛躍的に広がる仕組みを持つ」ことは、インターネットの仕組みにも共通点があるかと思います。このことに関連し、ブロックチェーンはインターネットに匹敵する、いや、それ以上の発明であると称する人もいます。

この中央で管理しないのに現場で広がっていくということは現代において大事な視

点ではないかと思います。いわゆる官僚的、封建的な古い時代にあっては、中央での管理・統制が主流でありましたが、現代のようにインターネットが広がり情報格差がなくなってくれば中央での統制は不可能になり、かえって、その統制が足かせになってくるのです。

またスマート・コントラクトの機能を組み合わせると、一括処理をすると時間や手間が必要な処理をほぼリアルタイムで、かつ自動的に実施することもできます。今後、仮想通貨以外の分野でブロックチェーンを活用することが進んでくることは間違いなく、次のブロックチェーンの特徴を再確認しておきたいと思います。

●トレーサビリティ

自動的に取引の履歴が記録され、改ざんが困難な仕組みのため、信頼性の高いトレース（追跡）機能を提供できるので、食品などのトレーサビリティに活用できます。

●全員で情報を共有

ネットワーク上にある複数のノードでデータを分散管理しつつ、全体で整合性が失われないように共有するため、従来のように、全ての情報を集中的に処理・記録する中央集権的なコンピュータを必要としません。

●システムの無停止

中央集権的なインフラでは、そこを狙ったサイバー攻撃、あるいは負荷の一時的な増大などの不具合が生じた場合には、システム全体の停止に陥りますが、ブロックチェーンの場合は、一部のノードが落ちても、ほかの参加ノードが生き残っていれば処理が続行されるため、いわゆるシステムの無停止を実現できます。

●データの改ざんが困難

ブロックチェーンでは、取引データを集めたブロックを、時系列順にチェーン（鎖）状につないでいます。このときに、直前の情報を暗号化したものを、次のブロックに格納するといった構造になっており、過去のブロックを改ざんすると、それ以降の全ブロックを書き換える必要が生じ、改ざんが困難になるのです。

寸鉄

中央集権からネットワーク型へ
インターネットに匹敵すると言われるブロックチェーンを軽んじるな！

「起業」は会社を起こすことと勘違いしていませんか

新聞やテレビで、**「スタートアップ」**という言葉の露出頻度が高くなっています。スタートアップとは、「始める」、「起こす」、「立ち上げる」という意味で、新しく会社を設立すること、あるいはその会社を意味することが多く、日本語では、一般に「起業」と訳されています。しかし、スタートアップは、新しく会社を起こすことだけではなく、企業が新規事業領域を開拓し、市場に打って出る意味もあります。つまり、新しく会社を立ち上げることと、**既存の会社が新しいビジネスを始めること**の2つの意味があります。海外では、前者を**「アントレプレナー」**、後者を**「イントラプレナー」**と区別して使われることがあります。

21世紀になって、世界経済のグローバル化は急速に進み、市場は急激に変化してきています。日本においても、終身雇用制は崩壊しつつあり、中途採用により、優秀な人材を確保したり、社員が他流試合によってスキルを高めるために副業を認めたりする企業が増加してきています。これまで安泰といわれていた大企業の倒産や海外企業から買収されるケースも目立つようになってきました。

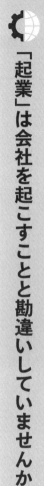

また、ＡＩ（人工知能）やＩｏＴ、ビッグデータ、ブロックチェーン、ＲＰＡなどの技術の進歩やシェアリングエコノミーなどの第４次産業革命によるイノベーションが加速され、あらゆる市場で既存ビジネスモデルの崩壊・再構築が始まり、ビジネス界の新陳代謝が急速に進んできています。

これまで世界の家電市場を席巻していた日本の電機メーカーは衰退傾向にあり、日本の大企業が海外企業から買収されたというニュースも記憶に新しいところです。市場の覇者となったとしても、数年で没落することも珍しくありません。韓国のサムスン、ヒュンダイ、ＬＧは、自動車、携帯電話、エレクトロニクスなどの世界市場で高いシェアを確保しています。これらの企業は、20世紀には日本企業の技術力に及ばなかったものの、現在は、日本メーカーと同等ないしはそれ以上の技術力を持っています。しかし、彼らも安穏としていられません。すでに、ハイアール、ファーウェイ、レノボなどの中国系起業が急速に成長しており、すぐに世界をリードする企業になると予測されています。このままでは、これらの業界に限らず、アメリカ、中国、インドなどのグローバルプレイヤーに世界経済を席巻される恐れもあります。

一方、高齢社会白書（内閣府２０１７年）によれば、日本の少子高齢化が進み、65

歳以上の高齢者が2025年に全人口の30％を超えると推計され、生産人口の減少による経済の減退が懸念されています。

先に述べたように、数年間で市場の覇者が交代する時代が到来してきています。そこで、既存企業が競争優位にし、持続可能な成長のためには、**既存ビジネスにとらわれないで、イノベーションを起こすことが**、ますます必要となってきました。そのためには、言い換えれば、**企業内の「スタートアップ」を促進することが**重要です。そのためには、経営者自身がその重要性と緊急性を認識し、それを担う人材である、「イントラプレナー」の育成することが急務であると言えます。大企業でさえも、この対応が遅れると、市場から撤退せざるを得ないことは、先の電機メーカーの例を見ても明らかです。

ここで、スタートアップの成功率を高めるために、どのようなビジネスを選択すれば良いのかを考えてみます。マイケル・ポーターとマーク・クラマーは、2011年のハーバード・ビジネス・レビュー誌で、「**今後の資本主義社会においては、企業が追求する経済価値と社会価値を同時に実現するCSV（Creating Shared Value：共有価値の創造）こそが、競争に勝ち抜くための不可欠なモデルである**」と主張しました。特に、共有価値を創造するにあたって重視すべきことは、社会の発展と経済の

CSVとCSRとの違い

CSV	比較項目	CSR
Creating Shared Value	**英語**	Corporate Social Responsibility
共通価値の創造	**直訳**	企業の社会的責任
企業と社会の共創	**目的**	社会貢献的
企業の経済価値と競争優位	**目標**	持続可能な社会
ビジネスとしての挑戦	**実践の是非**	責任として必須
連動	**利益との関係**	無関係
事業融合的	**本業との関連**	本業の周辺

発展の関係性を明らかにし、これを拡大することであり、社会課題解決をビジネス化することであると述べています。CSR（Corporate Social Responsibility：企業の社会的責任）は、評判を重視し、当該事業とのかかわりも限られているため、これを長期的に正当化し、継続するのは難しく、社会変革やイノベーションは起こせないが、CSVは、企業の収益性や競争上のポジションと不可分であるため、それらをもたらすことができるとしています。CSVを指針とすることにより、その企業独自の資源や専門性を活用して、社会価値を創出することで経済価値を生み出すことができると主張しています。

そこで、新規会社設立に限らず、既存企業においても、経済価値だけではなく、社会価値も創出するCSVを実現するために、社会課題を解決するビジネス化を行うことが生き延びるための鍵となってきます。

解決すべき社会課題を特定する際には、持続可能な開発目標（SDGs：Sustainable Development Goals）が参考になります。SDGsは、2015年9月に開催された国連サミットで採択された「2030年の持続可能な開発アジェンダ」の中核として採択された17のグローバル目標と169のターゲットのセットです。

SDGs

ロゴ提供 国際連合広報センター　http://www.unic.or.jp/files/sdg_logo_ja_2.pdf

ＳＤＧｓは、貧困に終止符を打ち、地球を保護し、すべての人が平和と豊かさを享受できるようにすることを目指す普遍的な行動を呼びかけています。

これら17の目標は、以前のミレニアム開発目標（ＭＤＧｓ）の成功を土台としつつ、気候変動や経済的不平等、イノベーション、持続可能な消費、平和と正義などの新たな分野を優先課題として盛り込んでいます。ＳＤＧｓは、パートナーシップと実用主義の精神に基づいて正しい選択をすることで、将来の世代の暮らしを持続可能な形で改善することを目指しています。

こういう話をすると、**「それは国連の話、私は自社の業績に関心があるので関係ない」**と思っていませんか？　そこが問題なのです。**自社の業績を上げようと、自社のことしか考えないから業績が向上しない**のです。

寸鉄

Think Globally, Act Locally
地球規模で考え、足元から行動せよ！

おわりに

「生涯学習！」との気概で、30余年の社会人経験を経て、2017年より産業技術大学院大学に入学しました。同大学は、専門的知識と体系化された技術ノウハウを活用して、新たな価値を創造し、産業の活性化に資する意欲と能力を持つ高度専門技術者の育成を目的とする**専門職大学院（大学院のうち、学術の理論及び応用を教授研究し、高度の専門性が求められる職業を担うための深い学識及び卓越した能力を培うことを目的とするもの）**です。

私が学んでいる『情報アーキテクチャ専攻』は、情報システムの開発の現場で活躍できる**情報アーキテクト（情報システム開発のための各種のIT高度専門職技術者で、共通キャリア・スキルフレームワーク（CCSF）のストラテジスト、システムアーキテクト、プロジェクトマネージャ、テクニカルスペシャリスト、サービスマネージャ及び、本学が独自に設定したグローバルスペシャリスト、事業アーキテクトに渡る範囲の人材像の職種をカバーする総称：産業技術大学院大学のホームページより転載）**を育成するカリキュラムが提供され、私はプロジェクトマネージャーコースを選択しました。そこで酒森先生に師事し、プロジェクトマネジメントを改めて体系的に学び、その知見が本書執筆に大いに役立ちました。

２０１８年11月27日～12月１日、一般社団法人プロジェクトマネジメント学会が主催する国際学会ＰｒｏＭＡＣ２０１８がタイ、バンコクで開催されました。その学会に、酒森先生と共著者の一人である平井さんと共に参加しました。ちょうど本書の初校ゲラが出来あがった時だったので、３部のコピーをバンコクに持参し、食事の席で紹介しました。酒森先生は「こんな重いもの持ってきたの？」と言われましたが、一昼夜で「監修者だからね」と赤入れをしていただきました。ご多忙の中、監修をご快諾いただき、種々の指導を賜り、感謝に絶えません。

最後に、下牧しゅうさん、冨家弘子さん、坂田優子さんには大変にお世話になりました。上梓できたことをご報告させていただくとともに、謹んで御礼を申し上げます。ありがとうございました。

２０１８年11月30日

タイ、バンコクにて　広川敬祐

宮地 秀敏（みやち ひでとし）

大手コンサルティングファーム　パートナー

大学卒業後、Big4系コンサルティング会社にてIT関連およびSCM関連サービスに従事。

複数の国内外、大手コンサルティングファームにて、IT関連コンサルティング部門統括パートナー、SCM関連コンサルティング統括パートナーを歴任。

現在は、IT関連サービス部門リーダーとして、IT PMOからERP関連、Digital & Analytics関連まで幅広いサービスを統括。

森岡 広道（もりおか ひろみち）

株式会社Pro-SPIRE　代表取締役社長

大学卒業後、日本ディジタルイクイップメント株式会社を経て、ドイツ大手ERPベンダー日本法人のSAPジャパン株式会社に初期立ち上げメンバーとして参画。

その後、コンサルティングファームの株式会社クニエにてSAPビジネス、自動車業界担当マネージングディレクターを歴任した後、現在に至る。

中堅、中小企業からグローバルカンパニーまで数多くのERP導入プロジェクトを指揮してきた経験を有する。

横沼 秀治（よこぬま しゅうじ）

三菱UFJリサーチ&コンサルティング株式会社　公認会計士

大学卒業後、日系大手自動車部品メーカー、大手監査法人、外資系コンサルティングファームを経て現職。

グローバル企業への国際財務報告基準（IFRS）導入、IPO（株式上場準備）支援、M&A（財務デューデリジェンス、企業価値算定、等）、組織再編、決算早期化・効率化、内部統制・リスクマネジメント、管理会計（原価管理の仕組み構築、等）、主として会計分野におけるコンサルティング業務に従事。その他、財務諸表監査、製造業への生産業務改善支援等の経験を有する。

■ 著者紹介（50音順）

浅山 昇（あさやま のぼる）

アサ・アカウンティング・イノベーション　代表
ITコンサルタント
関西の企業の情報システム部門で、自社及びグループ会社の経理システム導入の他、設計・開発手法の整備・標準化等を担当。その後、SAP R/3及びSRM導入プロジェクトPM、グループ会社へのSAP導入プロジェクトPM、IT内部統制システム構築PMなどを担当。
2007年～2011年までJSUG内部統制部会長

相馬 智之（そうま ともゆき）

グラビス・アーキテクツ株式会社　執行役員
商社系SIベンダーにてERPに関する開発業務を経験後、2003年にSAPジャパンへ入社。ロジスティクス分野を専門としてERP導入プロジェクトを多数成功に導く。その後は独立系コンサルティング会社でERPの利活用をベースとしたコンサルティングやBI構築などに従事。
現在はAIやIoTを専門とするラボ部門の設立に従事かつ同部門の責任者としてサービスを提供している。

平井 均（ひらい ひとし）

花王株式会社システム開発部において、国内外のITシステム開発・運用業務に従事した後、三菱商事株式会社IT部門にて、国内外のITシステム開発や内部統制推進などのプロジェクトマネージャを経て、タイ国IT企業の経営に携わり、帰国後、国内関連会社の執行役員（IT担当）を経て現在に至る。
保有資格：技術士（情報工学部門、総合技術監理部門）、PMP、ITコーディネータ、情報処理技術者（プロジェクトマネージャ、ITストラテジスト）
所属団体：日本技術士会、PMI日本支部、プロジェクトマネジメント学会、情報処理学会、情報社会学会、研究・イノベーション学会、IEEE、AAAS

■ 編著者紹介

広川 敬祐（ひろかわ けいすけ）

ヒロ・ビジネス株式会社　代表取締役

日本公認会計士協会東京会幹事

【略歴】

1962年 大阪生まれ

1983年 公認会計士試験（2次）合格

1985年 創価大学経営学部卒業

1984年～1987年 青山監査法人（プライスウォーターハウス）勤務

1987年～1994年 英和監査法人（アーサーアンダーセン）勤務

1994年～1998年 SAPジャパン株式会社勤務

1998年～ HBS（Hiro Business Solutions）設立

2007年～2012年 NTTデータ経営研究所勤務（契約社員）

2017年 産業技術大学院大学　情報アーキテクチャ専攻 入学

【主な著書】

「メタボ業務がスマートに！　マネジメントをシンプルに変える」
　　パレード、2016年

「RFPでシステム開発を成功に導く本」
　　技術評論社、2011年

「SEがはじめて学ぶ会計」
　　日本実業出版社、2009年

「絵でみる 内部統制で仕事はこう変わる」
　　日本能率協会マネジメントセンタ、2008年

「連結会計システムのPLAN－DO－SEE」
　　トムソンラーニング、2005年

■ 監修者紹介

酒森 潔（さかもり きよし）

産業技術大学院大学　教授

【略歴】

1976年 熊本大学理学部物理学科卒
1977年～1978年（株）日本情報開発
1978年～1993年 日本アイ・ビー・エム（株）
1993年～2002年 ITS（株）（日本アイ・ビー・エムの子会社）
2003年～2006年 iiSC（株）（ITS（株）から社名変更）
2006年～ 産業技術大学院大学　教授

【専門分野】

プロジェクトマネジメント、情報戦略の立案、
情報システム構築技法、情報システムの運用管理、
情報処理技術者教育、プロジェクト管理技法

【主な著書】

「高度情報処理技術者プロジェクトマネージャ基本テキスト」
　　TAC株式会社、平成10年
「デジタル用語辞典」（共著）
　　日経BP社、平成14年
「情報処理技術者用語辞典」（共著）
　　日経BP社、平成15年
「プロジェクトマネジメントツールボックス」（翻訳、共著）
　　鹿島出版会、平成19年
「戦略的PMO」（共著）
　　PMI日本支部、平成21年
「CompTIA Project+テキスト」（共著、監修）
　　TAC株式会社、平成22年
「プロジェクトの概念」（共著）
　　近代科学社、平成24年

システム導入に失敗しない
プロマネの心・技・体
―持続可能な成長のための気づき―

2019年2月11日　第1刷発行

編　者　広川敬祐

著　浅山昇／相馬智之／平井均
宮地秀敏／森岡広道／横沼秀治

監　修　酒森潔　産業技術大学院大学 教授

発行者　太田宏司郎
発行所　株式会社パレード
大阪本社　〒530-0043　大阪府大阪市北区天満2-7-12
TEL 06-6351-0740　FAX 06-6356-8129
東京支社　〒151-0051　東京都渋谷区千駄ヶ谷2-10-7
TEL 03-5413-3285　FAX 03-5413-3286
https://books.parade.co.jp
発売所　株式会社星雲社
〒112-0005　東京都文京区水道1-3-30
TEL 03-3868-3275　FAX 03-3868-6588
装　幀　藤山めぐみ（PARADE Inc.）
印刷所　創栄図書印刷株式会社

ISBN 978-4-434-25567-0 C0034